Materialien und didaktische Analysen zum Verständnis
der französischen Literatur hrsg. von Franz-Rudolf Weller

Patrick Modiano

La Ronde de nuit

Analysen und Dokumente zur Literatur
der Résistance und Kollaboration
in Frankreich

von
Brigitta Coenen-Mennemeier,
Didier Léautey und Franz-Rudolf Weller

D1695536

Verlag Moritz Diesterweg

Frankfurt am Main

ISBN 3-425-04875-9

Inhaltsverzeichnis

I Vorwort

Französischunterricht und Deutsch-Französische Beziehungen

„Die Bedeutung des Französischunterrichts", heißt es in den
nordrhein-westfälischen Richtlinien für die gymnasiale Oberstufe im
Fach Französisch, „ergibt sich vor allem aus dem besonderen
Gewicht des deutsch-französischen Verhältnisses in der Gegenwart
und den vielfältigen historischen Bindungen und Verflechtungen
zwischen beiden Ländern." (*Richtlinien NW* 1981: 27) In den „Stutt-
garter Thesen zur Rolle der Landeskunde im Französischunterricht"
werden die deutsch-französischen Beziehungen vor der Existenz der
Bundesrepublik Deutschland als bedeutende thematische Orientie-
rungen für den Französischunterricht herausgestellt:

> Die Kriege gegen Frankreich und die Besetzung des Landes durch das
> Nazi-Regime belasten bis heute das Verhältnis zwischen beiden Ländern.
> Jene sorgt auch noch immer für innenpolitischen Zündstoff, indem sie die
> Kriegsgeneration in Widerstandskämpfer und Kollaborateure spaltet und
> so ein Problem für das kollektive Nationalbewußtsein darstellt. (*Fremd-
> sprachenunterricht und Internationale Beziehungen* o. J.: 25)

Auch in anderen neueren Lehrplänen der Bundesländer gelten die
„deutsch-französischen Beziehungen" als ein herausragendes Thema
des Französischunterrichts. Beispielhaft sei als Aufgabe des landeskundlichen Unterrichts die Formulierung der rheinland-pfälzischen
Richtlinien zitiert:

> Einblicke in die Beziehungen Frankreichs zu anderen Staaten und Völ-
> kern, wobei dem deutsch-französischen Verhältnis besondere Bedeutung
> zukommt. (*Lehrplan Französisch RhP* 1983: 31)

Wenn man die deutsch-französischen Beziehungen nicht erst mit
den Institutionalisierungsbemühungen im Deutsch-Französischen
Vertrag von 1963 beginnen läßt, gehören die Jahre der Okkupation
Frankreichs durch die Deutschen (1940—44) zu den dunkelsten Seiten dieser Beziehungen: Paris als „capitale allemande de la France"
war ein bis dahin einmaliges Ereignis in der Stadtgeschichte!
Wie sieht die Wirklichkeit des Französischunterrichts aus? Wie
steht es mit der fachdidaktischen Auseinandersetzung mit einem
beiderseits des Rheins zu schreibenden Kapitel deutsch-französischer
Vergangenheitsbewältigung? Solange Frankreich seine Archive nicht
zur Erforschung freigibt, bleiben manche Fragezeichen bestehen.
Die Begleiterscheinungen des Prozesses gegen Klaus Barbie, den
früheren Gestapo-Chef von Lyon, und die Kollaborationsvergan-

genheit des rechtskonservativen französischen Presse-Riesen Robert Hersant, der nach und nach führende Blätter der Résistance-Bewegung aufgekauft hat (*L'Aurore, Le Progrès*), werfen — im Zusammenhang mit der Neuen Rechten — nicht nur innerfranzösische Probleme auf.

Französische Literatur „à l'heure allemande"

Le Silence de la mer von Jean Bruller (alias Vercors), *Antigone* von Anouilh, *Les Mouches* und *Huis clos* von Sartre sind beliebte Schulklassiker zur Literatur aus der Zeit der „Occupation allemande". Nun: Sartres *Mouches* wurden am 3. Juni 1943 im zum „Théâtre de la Cité" arisierten „Théâtre Sarah-Bernhardt" uraufgeführt;[1] *Huis clos* wurde in Paris am 27. Mai 1944 vor einem französisch-deutschen Publikum uraufgeführt. Die *Antigone* erschien zuerst, am 4. Februar 1944, in einer surrealistischen Aufmachung im „Théâtre de l'Atelier". Anouilh gehörte damals zu den Mitarbeitern von *Je suis partout*, deren Chefredakteur Robert Brasillach war. Mit dem Sieg der Staatsräson endet Montherlants *Reine morte*, am 8. Dezember 1942 in Paris uraufgeführt. Claudels *Soulier de satin* (entstanden 1919—24) wurde im November 1943 mit Barrault in der „Comédie Française" uraufgeführt. Die nach den Ereignissen — beiderseits des Rheins — erschienenen autobiographischen „Erinnerungen" illustrieren ein bis heute vernachlässigtes Kapitel deutsch-französischer Vergangenheitsbewältigung: Als französische Beispiele seien genannt: *Journal des années noires* von J. Guéhenno (1946), *Quatre ans d'occupation* von S. Guitry (1947), *La Force de l'âge* von S. de Beauvoir (1960) und zuletzt *La Douleur* von M. Duras (1985). Die Selbstrechtfertigungen deutscher „Mitspieler" aus der Nazi-Zeit, O. Abetz' *Offenes Problem. Ein Rückblick auf zwei Jahrzehnte deutscher Frankreichpolitik* (1951) oder G. Hellers *In einem besetzten Land. NS-Kulturpolitik in Frankreich. Erinnerungen 1940—1944* (1982)[2] sind selbst in romanistischen Fachkreisen weithin unbeachtet geblieben. F. Hartlaub, von 1941 bis 1945 als historischer Sachbearbeiter in der Abteilung Kriegstagebuch im Führerhauptquartier Archivar in Paris, hat Aufzeichnungen aus dem Zweiten Weltkrieg (*Paris 1941*)[3] hinterlassen, als er im April 1945 in Berlin umgekommen war. Es ist das Verdienst des ehemaligen deutschen Kulturattachés an der Botschaft in Paris, J. von Uthmann, in seinem 1984 auf Französisch erschienenen Buch *Le Diable est-il allemand? 200 ans de préjugés franco-allemands* an diese „Schubladenliteratur" eines „negativen Helden" (die Formulierung stammt von Hartlaub selbst) erinnert zu haben. Der Titel seines Buches erinnert natürlich an Sieburg, der sich in einem Vortrag vor der Pariser „Groupe Collaboration" im März 1941 zum Nationalsozialismus bekannte,[4] so wie im „Casino de Paris" die deutschen Landser Maurice Chevalier zujubelten. E. Jünger, dessen Name auf der „Liste Mathias" stand, in der die ins Französische zu übersetzende deutsche Literatur verzeichnet war, hat mit seinem *Pariser Tagebuch* (Februar 1941–Oktober 1942; Februar 1943–April 1944) wohl das bedeutendste literarische Dokument aus der Zeit der Okkupation hinterlassen.

Die Literatur der Résistance und Kollaboration im Französischunterricht

Dietmar Fricke hat in dem einzigen größeren Beitrag zu diesem vernachlässigten Kapitel deutsch-französischer Vergangenheitsbewältigung auf den hinsichtlich dieser Epoche seit mehr als einem Jahrzehnt in Frankreich sich vollziehenden Gesinnungswandel hingewiesen. Die jüngere Generation, insbesondere nach 1968, habe den sattsam bekannten Mythos allgemeiner Widerstandshaltung in Frage gestellt.

> Es wurde allenthalben offenbar, daß es nicht nur jene Autoren gab, die sich mit ihrer Feder in der Résistance engagierten – ihre Texte waren schon früh wiedererschienen –, sondern auch diese Autoren, die mit ihren Schriften der Okkupation Vorschub leisteten und sich damit der Kollaboration willfährig andienten. (Fricke 1983: 131)

Erst im Abstand von fast einer Generation erscheinen literarische Verarbeitungen der Okkupationszeit, die in der Retrospektive jüngerer Autoren nicht mehr als zu verherrlichendes Tabu-Thema nationaler Ikonographie, sondern zunehmend in ihren entmythologisierenden Realitäten und Ambiguitäten dargestellt wird: *Les Allumettes suédoises* (1969) von Robert Sabatier (geb. 1923), der als Jugendlicher selbst noch Mitglied der Résistance gewesen war; *Les Lauriers du lac de Constance. Chronique d'une collaboration* (1974) von Marie Chaix (geb. 1942); *Un Sac de billes* (1973) von Joseph Joffo (geb. 1931); *La Bicyclette bleue* (1981) von Régine Deforges (geb. 1935), mit den Anschlußbänden *101, Avenue Henri-Martin 1942–1944* (1983) und *Le Diable en rit encore 1944-1945* (1985); allen voran in der literarischen Bedeutung: *Le Roi des aulnes* (1970) von Michel Tournier (geb. 1924).

Parallel zu dieser literarischen „démystification" haben sich bedeutende französische Historiker mit der Geschichte der Franzosen in der Okkupationszeit auseinandergesetzt: Henri Amouroux' vierbändige *Grande Histoire des Français sous l'occupation,* deren mittlere Bände bezeichnende Titel tragen: Vol. II : *Quarante Millions de pétainistes* (1977) und Vol. III: *Les beaux Jours des Collabos* (1978). Ferner P. Ory, Professor am Institut d'études politiques: *Les Collaborateurs* (1977) und *La France allemande (1933−1945). Paroles du collaborationisme français* (1977); Henri Michel: *Paris allemand* (1981), von dem 1962 bereits *Les Courants de pensée de la Résistance* erschienen war. Schließlich ein Werk des bedeutenden Historikers Raymond Tournoux (de l'Institut): *Le Royaume d'Otto* (1982). Der Titel geht auf eine Formulierung Célines zurück, der damit den Herrschaftsbereich des damaligen deutschen Botschafters Otto Abetz in Paris (1940−44) meinte.

Eine zusammenfassende Darstellung der Literatur der Besatzungszeit − und zwar beider politischer Lager − versucht erstmals die dreibändige Dokumentation von Karl Kohut (ed.): *Literatur der Résistance und Kollaboration in Frankreich* (1982/84). Ergänzt wird diese sehr verdienstvolle Synthese durch den „Schwerpunkt: Literatur und Kollaboration" der Zeitschrift *lendemains* Nr. 29 (1983) mit Beiträgen von G. Loiseaux, H. Hofer und J. Sieß.

Viel scheint inzwischen erreicht, was zur Aufklärung dieser finsteren Epoche im Verhältnis der beiden Nationen beigetragen hat:

> Das Bewußtsein der französischen Öffentlichkeit hat sich gewandelt, die wissenschaftliche Erforschung dieses Bereichs hat an Breite und Tiefe gewonnen,

so im Vorwort zum 3. Band Karl Kohut, der dennoch eingestehen muß, daß diese Bewältigung gemeinsamer Vergangenheit nicht zugleich den Weg frei gemacht hat für die Behandlung und Besprechung literarischer Werke der Okkupationszeit im Französischunterricht. Fricke formuliert den Sachverhalt noch deutlicher:

> Der neusprachliche Unterricht, der nach 1945 in beiden Ländern auf Grund der unseligen Erfahrungen scheinbar neu trassiert wurde, hat in Wahrheit jene Epoche bis auf zumeist verzerrende Ausnahmen faktisch totgeschwiegen. Bei aller Gegensätzlichkeit der politischen Ausgangslage bleibt die „France allemande" hüben wie drüben ungeliebt und unbewältigt. Das historische Paradigma von Widerstand und Anpassung, von Résistance und Kollaboration, hat seine provokative Brisanz bewahrt. (Fricke 1983: 133)

Wenn hier ausführlich und breit ausholend auf die unterrichtliche Relevanz der vierziger Jahre hingewiesen wird, hängt das mit dem zentralen erzieherischen Stellenwert von Literatur und Landeskunde im Fremdsprachenunterricht zusammen. Die Literatur der Résistance und der Kollaboration bleibt zwar an die Zeit gebunden, in der sie entstanden ist; aber die ambivalente Faszination der Okkupationszeit kannte Formen und Realitäten der Zusammenarbeit zwische Deutschen und Franzosen, die in der jeweiligen poltisch-moralischen Option überzeitlichen Modellcharakter haben. „Frischer und konkreter (...) als die notwendig allgemeineren und abstrakteren Darstellungen der Historiker oder Politologen", so Karl Kohut, „(birgt) die Literatur dieser Zeit in ihrer Gesamtheit eine Summe an menschlicher Erfahrung, die besonders die nach dem Krieg Geborenen kennenlernen sollten, denen diese Erfahrungen erspart geblieben sind." (Kohut l 1982: 20)

Patrick Modiano auf der Suche nach der verlorenen Vergangenheit

Es war schon mehrfach davon die Rede, daß die Literatur aus der Zeit oder über die Zeit der „Occupation allemande" für den Französischunterricht noch kaum entdeckt und noch weniger in entsprechende Kursmaterialien eingegangen ist. Das Bild ist heute vielleicht nicht mehr so desolat, wie es Karl Kohut noch vorfand. Inzwischen liegen einige landeskundlich-literarische „Dossiers" vor, die in eine größere Unterrichtsreihe zum Thema „La France à l'heure allemande" integriert werden können: *La France et les Français sous l'occupation allemande 1940–1944* von P. Götz (1977); *Occupation allemande et Résistance intellectuelle. Pierre Seghers se souvient* von M. Zimmermann (1982), die in ihrer Dissertation (*Die Literatur des französischen Faschismus. Untersuchungen zum Werk Drieu La Rochelles (1917–1942)* (1977) und anschließenden Aufsätzen wertvolle Forschungsarbeit geleistet hat. Schließlich: *„J'écris ton nom: Liberté". La France occupée et la Résistance* von H. Bories/R. Sawala (1983) und *Revivre des années mouvementées* von C. Haar (1984).

Daß die offziellen Richtlinien-Verlautbarungen häufig nur bestehende Praxis oder die innovative Mühe (und Investition!) der Schulbuchverlage für Jahre „festschreiben" (nicht immer mit sachkompetentem Überblick), zeigt das Beispiel der neuen niedersächsischen *Rahmenrichtlinien für das Gymnasium – Französisch* (1982), in denen – wohl erstmals in den Länder-Curricula nach 1945 – „La présentation de l'occupation et de la libération dans la littérature française" als Thema eines Leistungskurses in 12/1 ausgewiesen ist:

Rahmenrichtlinien für das Gymnasium

Französisch

Gymnasiale Oberstufe
Gelten auch für Fachgymnasium,
Abendgymnasium und Kolleg

Kursstufe	Leistungskurs
12/1	a. **Thema:** *La présentation de l'occupation et de la libération dans la littérature française* **Bereich:** Literatur **Texte:** — Dossier: La France et les Français sous l'occupation, Frankfurt 1977 — Ganzschriften: H. Amouroux: La France et les Français de 1939 à 1945 Y. Durand: Vichy 1940 – 1944 J. Guéhenno: Journal des Années noires P. Jardin: La guerre à neuf ans Modiano: La place de l'étoile M. Bood: Les années doubles Vercors: Le silence de la mer Vercors: La bataille du silence Vincenot: Walther, ce boche, mon ami Vaillant: Drôle de jeu Aragon: Les yeux d'Elsa Jean Peuchmard: La nuit allemande[5] Denis Couttès: La guerre à côté Yves Gandon: Destination inconnue M. Duras: Hiroshima, mon amour Gérard Israël: Vivre comme Dieu en France Marie Chaix: Les Lauriers du Lac de Constance — Filme: Lacombe Lucien (Louis Malle), Dernier Métro (Truffaut)

Es ist hier nicht der Platz, die weitgehend auf Götz' Dossier von 1977 beruhenden Vorschläge im einzelnen hinsichtlich ihrer Repräsentanz und Plausibilität zu diskutieren. Das Textkorpus entspricht weder geschichtswissenschaftlich noch literaturgeschichtlich unserem heutigen Wissensstand. Immerhin geht der niedersächsische Kursvorschlag von 1982 über eine ideologisch verengte, klischeehafte Themenführung hinaus, wie sie etwa im Bericht von B. Wesche über eine Unterrichtsreihe *La Résistance et la poésie* aus dem Jahre 1976/77 vorliegt (veröffentlicht 1980!)

Interessant an dem niedersächsischen Vorschlag ist — im Rahmen dieses Materialienheftes — nicht nur der Hinweis auf Louis Malles Film *Lacombe Lucien* (1974), dessen Scénario in Zusammenarbeit mit Patrick Modiano entstand, sondern auf Modianos Romanerstling mit dem vielsagenden Titel *La Place de l'étoile* (1968), der einen französischen Juden voller Zerrissenheit und gewaltsam kompensierter Außenseiterkomplexe in den Mittelpunkt stellt und dessen erster Satz schon den Grundtenor seiner späteren Thematik umreißt: „les bas-fonds de l'Occupation", die den Autor wie ein vorgeburtliches Trauma seitdem zu verfolgen scheint:

> Je n'avais que vingt ans, mais ma mémoire précédait ma naissance. J'étais sûr, par exemple, d'avoir vécu dans le Paris de l'Occupation,

heißt es in *Livret de famille* (1976: 116), wo Dichtung und Wahrheit in einer für diesen Erfolgsautor typischen Weise vermischt werden. Paris bleibt der bevorzugte Ort seiner Werke, bestätigt durch den vorletzten Roman, *Quartier perdu* (1985), der in einem für immer verlorenen Paris der 50er Jahre spielt. Inzwischen hat Modiano mehr als ein halbes Dutzend Romane veröffentlicht, bedeutende französische Literaturpreise bekommen (Prix Roger Nimier und Prix Fénélon (1968); Grand Prix du Roman de l'Académie Française (1972), Prix des Libraires (1975); Prix Goncourt (1978) u. a.), so daß Madeleine Chapsal ihr Interview „zehn Jahre später" mit folgenden Worten einleiten kann:

> En 1975, la première interview de «Lire» était consacrée à un auteur de 28 ans publiant avec «Villa triste» son quatrième roman. Dix ans plus tard, après un Goncourt et bien d'autres livres à la magie troublante, dont récemment «Quartier perdu», Patrick Modiano s'est imposé comme l'un de nos meilleurs écrivains. (Chapsal 1985: 56)

Dennoch bleibt Patrick Modiano in mehrfacher Hinsicht ein Sonderfall, ein Außenseiter der zeitgenössischen französischen Literatur. Im Gegensatz zu vielen anderen seiner schreibenden Zeitgenossen hat er weder ein Hochschulstudium noch eine Universitätskarriere abgeschlossen oder die Agrégation wenigstens versucht. Seine Schullaufbahn auf dem berühmten Pariser Lycée Henri IV bildet den frühen Abschluß seiner „Lehrjahre"; was folgt, sind „Wanderjahre" in eine mehr oder weniger imaginäre Vergangenheit, auf der Suche nach der eigenen Identität: „J'ai fait des études jusqu'au bac, puis je n'ai plus rien fait", heißt es in einem der zahlreichen Interviews der letzten Jahre (Jamet 1985: 44). Eine schwierige Jugendzeit, wenig harmonische Beziehungen zu „entwurzelten", „heimatlosen" Eltern: die Mutter Schauspielerin („moitié hongroise, moitié belge") der Vater ein aus Alexandrien stammender Jude, der – unter falschem Namen – bis zum Ende der deutschen Besetzung in Paris geblieben ist, wo er seine spätere Frau kennengelernt hat, führten fast zwangsläufig zu dem alptraumhaften, obsessionellen Erlebnis verhinderter Identität, mehr zufälliger Existenz:

> J'ai toujours eu l'impression d'être le fruit du hasard, d'une rencontre fortuite. J'ai lié mon angoisse d'identité à ma situation familiale, mon père juif, ma mère qui ne l'était pas. Je suis un personnage un peu bâtard. Je me suis intéressé à ma préhistoire comme le font, par réaction, les gens qui n'ont pas de racines... S'il n'y avait pas eu l'Occupation, me disais-je, je ne serais pas là. Il fallait cette période trouble, désordonnée, illogique, pour que je naisse. (Jamet 1985: 45)

Schreiben, um zu wissen, wer man ist; schreiben, um einen „cauchemar" loszuwerden; schreiben aus Mangel an eigener konkreter sozialer Identität:

> Oui, cela vient de ce que je suis moi-même un tissu vivant de contradictions et de bâtardise. Mi-Juif mi-Flamand, une moitié de moi-même persécute, dément ou corrige l'autre, dans un jeu antagoniste où tout se mélange et s'interpénètre... Ce va-et-vient perpétuel entre deux parts de moi-même... (Ezine 1981 : 23)

Solche Bekenntnisse erklären die ambivalente Faszination der Okkupationszeit im Werk Modianos, die Spiegelungen existentieller Verlorenheit im bizarren Licht jener trüben Epoche, schließlich auch die manische Rückkehr zum Motiv des Verrats und des Verräters in der jeweiligen ideologisch-individualpsychologischen Option für „Résistance" oder „Collaboration", zutreffender: für beides.

Literaturdidaktische Aspekte zur Behandlung von *La Ronde de nuit* im Unterricht

La Ronde de nuit ist gewiß ein herausragendes Beispiel jener in den 60er Jahren beginnenden literarischen „Aufarbeitung" des

Gewesenen. Aber im Unterschied zu den z. B. bei Götz (1977) oder in den zitierten niedersächsischen Richtlinien empfohlenen Autoren, die in einseitig autobiographisch-dokumentarischer „Rétro"-Methode die vierziger Jahre wegen ihrer außerordentlichen historischen Bedeutung für erzählenswert halten, erhält dieses Grundthema im literarischen Schaffen Modianos grundsätzliche, überzeitliche Bedeutung:

> ... il s'agit pour Modiano de bien autre chose : d'une descente dans la mémoire collective, de l'exploration d'une époque ambiguë où les contraires pouvaient se ressembler et se heurter, où les individus étaient contraints de prendre en charge leur destin. (Bonnefoy 1977 : 228)

Von allen Romanen Modianos verbreitet *La Ronde de nuit* am eindringlichsten jene „odeur vénéneuse de l'Occupation", von der in *Livret de famille* ständig die Rede ist. (vgl. dort S. 202)

Der Ortsname Paris gehört wie kaum ein anderer in die Klasse der Eigennamen, die trotz der Einbettung in den literarischen Kontext eines besonderen Werkes zu ihrem poetischen Funktionieren nicht auf den Kontext angewiesen sind und deren referentielle Funktion nicht einen Augenblick angezweifelt wird. Dieser Aspekt im Werk Modianos, der in besonderer Weise geeignet ist, auch das Verhältnis zwischen Literatur und Landeskunde zu thematisieren, wird von Brigitta Coenen-Mennemeier in einer Studie zur referentiellen und poetische Funktion zeitgenössischer literarischer Parisbilder dargestellt. Für Patrick Modiano sind Pariser Straßen Wege zur Vergangenheit, die in *La Ronde de nuit* ihre eigene, Widerstand und Verrat spiegelnde Topographie erhalten.

> Tout commence au Bois de Boulogne. Te rappelles-tu ? Tu joues au cerceau sur les pelouses du Pré Catelan. (*La Ronde de nuit* S. 13)

Mit dem Ortsnamen Catelan verbindet sich eine historische Begebenheit, die Modiano poetisch fruchtbar macht. Im *Dictionnaire de Paris* von F. Hazan et al. (Paris 1964) kann man nachlesen:

> Bien qu'il fût encerclé d'Auteuil à Neuilly par une guirlande d'élégantes demeures, le Bois de Boulogne conservait cet aspect sauvage et demeurait alors un repaire de malfaiteurs. La Croix-Catelan garde le souvenir d'un capitaine de chasses, assassiné sous Louis XV et dont une légende forgée de toutes pièces du XIXe siècle a fait un troubadour contemporain de Philippe le Bel. (S. 64)

Literarische Texte stehen in einem historisch-sozialen Kontext, auf den sie direkt oder indirekt bezogen sind. Zugleich muß gerade im Literaturunterricht deutlich werden, daß ein Roman wie *La Ronde de nuit* rational behandelt werden kann, aber nicht im Referentiellen aufgeht, sondern gerade in der Bedeutungskomplexion als literarischer Text gesteigertes Leben erfährt. Es bleibt dem einzelnen Lehrer überlassen zu entscheiden, in welchem thematischen Rahmen – mehr frankreichkundlich oder mehr litererarisch – der Roman gelesen werden soll. Der Schüler erwartet von einem Roman „Handlung" und irgendwie auch dargestellte Wirklichkeit. Beides scheint in *La Ronde de nuit* der Fall zu sein; es ist zudem ein knapper Roman, der ohne Kürzungen in der Schule ganz gelesen werden kann. Die dargestellten Interaktions-, d. h. Handlungsbeziehungen und die Thematisierung individueller Konfliktsituationen bieten ferner viel Stoff für engagierte Diskussionen. In seiner Identitätsgefährdung und vergeblichen Ichsuche gehört der Ich-Erzähler zu jenen „Bastarden", „Ausgeschlossenen", „Fremden", jenen Existenzmodellen moderner Literatur also, die auf Jugendliche eine große Faszination ausüben. Gerade in der Darstellung ihrer Gegenbilder scheinen die Vermittlung objektiver Werte und die Vorstellung von sittlichem Verhalten noch erzieherisch wirksam zu sein. Dennoch: der jugendliche Leser wird seine Schwierigkeiten haben, sich in Modianos Roman mit dem Erzähler oder seinem Charakter zu identifizieren. Treibt der Autor nicht sein Spiel mit der Verführbarkeit des Lesers, dem die Ambivalenz menschlichen Handelns schlicht und einfach zum Verstehensproblem wird? Der wenig gegliederte Aufbau (in der Makro- wie in der Mikrostruktur), der häufige Perspektivenwechsel, die erzählerische Diskontinuität – in Verbindung mit einer gebrochenen Syntax, kurz: die kaleidoskopische Unterbrechung des klassisch-realistischen Erzählkontinuums stellen hohe Anforderungen an den Leser, so daß für die Lektüre des Romans im Unterricht gewisse Voraussetzungen unerläßlich sind:

– Kenntnis des historischen Kontextes (Occupation, Résistance, Collaboration), wie er sich in den hier abgedruckten Texten zur historisch-politischen Gesamtatmosphäre des Romans beispielhaft darstellt. Jean-Paul Sartre, der im Juni 1940 für ein Jahr in deutsche Kriegsgefangenschaft gekommen war, konnte zwischen 1942 und 1944 in Paris seine Tätigkeit als Gymnasiallehrer fortsetzen. Unmittelbar nach der Befreiung von Paris, im August 1944, schrieb er eine Reihe von Beiträgen über die Zustände während der Besatzung, darunter *Qu'est-ce qu'un collaborateur?* und *La République du silence*.[6]

– Kenntnis der Romangattung und seiner Entwicklung insbesondere in der französischen Nachriegsliteratur; Bezug Literatur-Gesellschaft in romanhaft gestalteter Lebens- und Welterfahrung;

Literatur in ihrer Abbildfunktion: von der referentiellen Topographie von Paris (im Stil des ‚historischen' Romans) zur mythischen Vision der Kollaborationszeit als Periode des Verfalls einer Stadt.

— Kenntnis der in der deutschen und französischen Literatur immer wieder thematisierten „imagerie franco-allemande", speziell der Frage, wie in der französischen Literatur im und nach dem Zweiten Weltkrieg der Deutsche und Deutschland dargestellt werden.

Wenn die literarische Thematik nicht als Baustein einer landeskundlichen Unterrichtsreihe fungiert, sind vielfältige Vertiefungen aus der Zeit und über die Zeit denkbar:

Neben den aus den Jahren 1926−1944 stammenden *Lettres à sa famille* (1972) ist hier vor allem an Roger Vailland (1907−1965) zu erinnern, der in der Résistance-Bewegung Spezialist für Eisenbahnsabotage war. Sein 1944 entstandener, 1945 erschienener Roman *Drôle de jeu* kann als Vorläufer der Gesamtatmosphäre von *La Ronde de nuit* angesehen werden. Die Berücksichtigung des notorischen Antisemiten L.-F. Céline, der Modiano in seinen Anfängen zumindest stilistisch beeinflußt hat, wirft Fragen auf, die hier nicht in wenigen Sätzen beantwortet werden können, zumal Céline zur Zeit in Frankreich eine Neubewertung erfährt. Ein Vergleich mit Drieu La Rochelles Erzählung/Essay *L'Agent double*, eine Quelle für Modianos *La Ronde de nuit* (?), würde unterstreichen, wie Modianos „Kollaboration" die historisch bestimmte Begrifflichkeit übersteigt, was durch die Lektüre weiterer Werke desselben Autors nachgewiesen werden könnte: allen voran *Livret de famille* (1977), das sich wie eine stärker autobiographisch grundierte Identitätssuche im Frankreich „à l'heure allemande" liest. In seiner Persönlichkeitsspaltung gleicht der Erzähler dem „agent double" aus *La Ronde de nuit*. Doch auch kürzere Texte, wie die beiden in diesem Heft abgedruckten, *Johnny* und *Lettre d'amour* aus dem Jahre 1978 eignen sich in ihrer darstellerischen Prägnanz als ergänzende Lektüre zum besseren Verständnis Modianos und seines Romanwerks.

Schließlich bietet sich — im Rahmen einer multimedialen Kurssequenz — die filmische Interpretation des Roman-Themas in *Lacombe Lucien* an (1974): das Drehbuch stammt von Patrick Modiano, der Regisseur ist Louis Malle, der 1960 die weltberühmte *Zazie dans le métro* gedreht und 1963 den Roman *Le Feu follet* von Drieu La Rochelle verfilmt hat. Als Nachfahre ‚existentialistischer' Nachkriegsliteratur Frankreichs tritt der um Jahrzehnte jüngere Patrick Modiano in Konkurrenz zu den ‚etablierten' Schulklassikern; im größeren Kontext existentialistischer Literatur in der Schule wird er sich zwischen der «Hoffnungslosigkeit» Sartrescher Befreiungsphilosophie und der sozialethischen Utopie vom brüderlichen Menschen Camus' bewähren müssen.

Redaktionelle Anmerkung des Herausgebers:

Die vorliegenden „Materialien und didaktische Analysen" sind als Gemeinschaftswerk entstanden und werden insofern von den drei Autoren inhaltlich gemeinsam verantwortet.

Dessen ungeachtet ist darauf hinzuweisen, wer die einzelnen Kapitel tatsächlich verfaßt hat: Das Kapitel II schrieb Brigitta Coenen-Mennemeier; die französischsprachigen Kapitel III und IV stammen von Didier Léautey; das Vorwort (I) und die Bibliographie (VI) besorgte Franz-Rudolf Weller, der – in Absprache mit den anderen Autoren – auch die Auswahl und Zusammenstellung der Zusatztexte (Kapitel V) betreute.

Zitiert wird grundsätzlich nach folgender Ausgabe:

Patrick Modiano: *La Ronde de nuit*. Texte intégral présenté et annoté par Brigitta Coenen-Mennemeier et Franz-Rudolf Weller. Frankfurt: Diesterweg 1984.

1 Vgl. dazu S. de Beauvoir, *La Force de l'âge* 1960: 528 f.; I. Galster 1986: 43-53. Th. Lambertz (1985) kümmert sich in seinem fachdidaktischen Bändchen nicht weiter um die in der Forschung immer noch ungelöste Frage, ob Sartres *Les Mouches* als Widerstandsstück zu betrachten sei.
2 Der Titel der Originalausgabe lautet: *Un Allemand à Paris* (Paris: Editions du Seuil 1981).
3 Die Gesamtausgabe seiner Werke erschien 1955 im Fischer-Verlag. Als Taschenbuch liegt vor: F. Hartlaub: *Im Sperrkreis. Aufzeichnungen aus dem zweiten Weltkrieg*. Rowohlt-Taschenbuch 1955; Erweiterte Neuausgabe veröffentlicht im Fischer Taschenbuch Verlag 1984.
4 Zu Sieburg vgl. den Aufsatz von Flügge 1981: 197-218.
5 Zu lesen: Jean Peuchmaurd.
6 Die Fremdheit des Lebens unter der Besatzung thematisiert auch ein Hörspiel von Camus, *Les Silences de Paris* (1949), das bisher gedruckt nur in deutscher Übersetzung vorliegt; vgl. dazu Fricke 1983: 434, 445.

II Patrick Modiano: La Ronde de nuit

Das Verrinnen der Zeit

Kaum einer der zeitgenössischen französischen Schriftsteller könnte sich rühmen, einen so gewichtigen Beitrag zur literarischen Gestaltung der vierziger Jahre geleistet zu haben wie der 1945 geborene Patrick Modiano. Erst Vertreter seiner Generation durften es wagen, den glorifizierenden Résistance-Mythos der Nachkriegsliteratur umzuschreiben und zu entkräften.

Dennoch ist Patrick Modiano kein politischer Schriftsteller. Man findet bei ihm keine Analyse ideologischer Zusammenhänge und historischer Triebkräfte. Vielmehr beschreibt er die Orte, Menschen und Verhaltensweisen, denen sein Interesse gilt, aus sehr subjektiver Sicht. Diese Sichtweise schließt auch, vor allem anfangs, Polemik und Satire mit ein, ist aber besonders geprägt durch Mitgefühl, sanfte Ironie und eine spezifische, aus wehmütig-nostalgischer Distanz aufblühende Poesie. Diese poetische Grundhaltung führt Modiano im Laufe seines Gesamtwerkes immer stärker fort von den geschichtlichen Implikationen der frühen Romane, die meist die Okkupation, in *Villa Triste* auch die Algerienkrise, problematisierten. Was bleibt und allen seinen Texten den spezifischen Klang gibt, ist das Bewußtsein von der verrinnenden Zeit, das Modianos ungleich bescheidenere Romanwelt mit Prousts *A la Recherche du Temps perdu* (1913–1927) verbindet. Das Entgleiten der Zeit wird dem Leser häufig durch Meditationen und Imaginationen über sich verändernde Orte suggeriert. Es ist aufschlußreich, wie viele Modiano-Titel Ortsbezeichnungen sind: *La Place de l'Etoile* (1968); *Les Boulevards de Ceinture* (1972); *Villa Triste* (1975); *Rue des Boutiques Obscures* (1978); *Memory Lane* (1981); *Quartier perdu* (1984).

Die evozierten Räume situieren das Geschehen an einem verschiedene Zeitphasen auf verschiedenartige Weise überlebenden Ort. Dieser hat zum einen die Funktion, einen präzisen Realitätsbezug herzustellen: Modianos Pariser Straßen sind als solche nicht erfunden; zum anderen die geradezu entgegengesetzt scheinende Aufgabe, eine Traumwelt zu erzeugen, da sich verschiedene Zeitebenen mit den ihnen zugeordneten Geschichten am selben Ort übereinanderlagern, gegenseitig durchdringen, stören und aufheben. In diesem „realistischen" Lyrismus ist Modianos stilistische Leistung zu sehen. Sie ist bisher vom Publikum und von der Kritik großzügig honoriert worden (u. a. mit dem Prix Goncourt), und es ist zu hoffen und zu wünschen, daß sie auch die zeitgenössische Nostalgiewelle, der Modianos Schreibweise ohne Zweifel in hohem Maße entgegenkommt, überdauern wird.

Das poetische Fixieren entgleitender und als solcher spürbar gemachter Zeit bestimmt bereits ganz wesentlich die Atmosphäre der frühen Modiano-Romane, und es ist insofern kein Zufall und für einen erfahrenen Leser nicht unbedingt überraschend, daß die späteren Romane mehr und mehr diese Atmosphäre auch zu ihrem eigentlichen Thema machen. Dies gilt besonders für *Quartier perdu*, das einen vorübergehend aus dem Ausland und aus einer englischen Schriftstelleridentität heimkehrenden Franzosen mit dem Pariser Viertel konfrontiert, das er in den 60er Jahren verlassen hatte. Die Rückholung der verlorenen Zeit bezieht sich hier auf die Lebensphase des Zwanzigjährigen, eine Periode, in der große Politik für ihn keine Rolle spielte, so daß Privatpersonen und -geschehnisse „damals" wie „heute" im Mittelpunkt stehen, verbunden durch ein ambivalentes Klima von Vertrautheit und Fremdheit.

In den frühen Romanen, als ihr Autor selbst noch wenig mehr als zwanzig Jahre alt war, hatte dies anders ausgesehen. Die Rückholung griff nun auch ca. 20 Jahre zurück und damit auf eine Epoche, die der junge Modiano nicht aus eigener Anschauung kannte, sondern die er mehr oder minder halluzinatorisch zu imaginieren hatte. Und diese Epoche war politisch alles andere als „neutral"; es war vielmehr die Epoche von Okkupation und Résistance, die Modiano einem vorgeburtlichen Trauma gleich immer wieder heimzusuchen schien.

Ein ideologischer Ort: *La Place de l'Etoile*

Mit seinem Romanerstling *La Place de l'Etoile* (1968) faszinierte der erst 23jährige Autor sofort Kritik und Publikum. Dieser vielschichtige und bizarre Text ist durch eine komplizierte Struktur und eine jugendlich ungestüme Sprache charakterisiert. Wenngleich Modianos Stilideal später fortlaufend klassischer und gemäßigter sein wird und dieser moderatere Ton sich bis zu einem gewissen Grade in *La Ronde de nuit* (1969) durchsetzt, muß uns doch sein erstes Werk insofern interessieren, als es den ideologischen und ästhetischen Rahmen für vieles absteckt, was explizit oder implizit auch die meisten der späteren Romane und Erzählungen und ganz besonders eben *La Ronde de nuit* prägt. Ohne auch nur im geringsten eine Interpretation von *La Place de l'Etoile* anzustreben, wollen wir doch einige der typischen Merkmale aufzeigen, die von Anfang an Modianos Gedankenwelt und seine künstlerischen Mittel kennzeichnen.

Symptomatisch ist in diesem Zusammenhang vor allem die Wahl des Titels. Die gewollte Ambiguität der Ortsangabe ist ohne weiteres erkennbar, auch wenn Modiano durch ein Desnos-Zitat noch ausdrücklich das Funktionieren dieser Doppelbödigkeit absichert. Der berühmte Platz, auf den eine ganze Reihe Pariser Straßen sternförmig zulaufen, steht metonymisch für den Schauplatz des Geschehens. Schon auf dieser „unteren" Ebene der Stadtgeographie ist die Wahl nicht beliebig: jeder „kennt" diesen Platz, und sei es auch nur vom Hörensagen; jeder weiß auch in etwa um seine berühmte Lage an der Mündung der Champs Elysées und vieler anderer städtischer Adern, weiß den Arc de Triomphe zu situieren und erlebt insofern den „effet de réel", den der Autor mit der Wahl dieses Namens hervorrufen will. Es kann nichts schaden, wenn man außerdem noch weiß, daß die Rue Lauriston, Sitz der Gestapo, in der Nähe dieses Platzes liegt. Mit einem solchen Titel führt Modiano also gleich in die für ihn charakteristische Methode ein, metonymisch konkreten Wirklichkeitsbezug zu suggerieren.

Die ideologische Schicht der mit dem Titel verbundenen Semantik verweist auf das Schicksal des Judentums. Die Nationalsozialisten zwangen die Juden dazu, sich durch das Tragen des Judensterns an der Brust kenntlich zu machen. Mittels der aufgezeigten doppelten Bedeutung des Begriffs *La Place de l'Etoile* funktioniert auch die literarische Anekdote, die Modiano seinem Roman als eine Art Motto voranstellt. Der wahre Ort des Judentums ist identisch mit der ihm seit Jahrhunderten zugefügten Schmach, die sich in der Tragödie der Betroffenen zugleich als Auszeichnung offenbart. Trotz aller historisch belegten Pogrome hatte vor Hitler und seinen Schergen noch nie eine Epoche die vollständige, systematische und wissenschaftlich ausgeklügelte Vernichtung der Juden geplant. Mit dem Tod von sechs Millionen wurde dieser diabolische Plan weitgehend realisiert. Patrick Modiano hat als Kind eines jüdisch-flämischen Elternpaares in zweiter Generation den Holocaust gleichsam „überlebt". Von der traumatischen Erfahrung dieses Überlebens bleibt seine Romanwelt für immer geprägt. Die Bedrohung der Eltern wird von ihm als eigene Eltern- und Wurzellosigkeit umfunktioniert. Die Partizipation am Judentum wird als Privileg und Schande gleichzeitig erfahren.

Ambivalent sind daher auch Figur und Schicksal des jungen französischen Juden Raphaël Schlemilovitch, der in einer ans Surreale grenzenden Fragmentierung von Zeit und Raum alterslos die Vorkriegszeit, den Triumph und den Untergang Hitlerdeutschlands erlebt. Frankreich ist seine „Heimat", aber er kann sich ihrer nur bemächtigen, wenn er sich nationalistischer und chauvinistischer gebärdet als seine nichtjüdischen Altersgenossen. So kommt es ganz folgerichtig dazu, daß Schlemilovitch sich abwechselnd an Ariern und Juden rächt für die Außenseiterrolle, in die man ihn drängen will. Wie der Märchenheld Peter Schlemihl, den der heimatlose deutsche Hugenotte Adalbert von Chamisso erfunden hatte, wirft Schlemilovitch keinen Schatten, besitzt er keine unwandelbare Identität. Durch Masken und Übertreibungen, die einmal die eine, einmal die andere Seite seines „Wesens" herauskehren, sucht er sich eine solche Natur zu geben. Dies macht ihn sich selbst und allen fremd, läßt ihn in einer unendlichen Serie von Sarkasmen und Widersprüchen versinken, die letztlich ihn selbst vernichten. Bei dem praktischen Vernichtungsakt reichen sich der mörderische Hitlerfaschismus und die provokante Aggressivität des modernen Israel in seltsam einmütigem Hohn auf die als larmoyant und dekadent abqualifizierte Tradition des europäischen Judentums die Hände. Das schillernde Prisma dieses Werks läßt, auch darin die Methode späterer Modiano-Romane grundlegend, eine Unzahl von Allusionen aufblitzen: auf (besonders deutsche und französische) Literaten aller Zeiten, auf Regierungschefs und Politiker, Hochstapler, europäische und außereuropäische Orte und Staatsaffären. Aus dem Kaleidoskop (dies ein Schlüsselbegriff des Romans) seien nur zwei Namen herausgegriffen, die von symbolischer Bedeutung sind: Céline und Freud.

Der Romancier Louis-Ferdinand Céline (1894–1961) hat in der französischen Vorkriegsliteratur eine in mehrfacher Hinsicht entscheidende Rolle gespielt. Mit seinem großartigen Roman *Voyage au bout de la nuit* (1932) hat er einen neuen Stil geschaffen, eine eigenwillige lyrische Spielart des „langage populaire", wie sie der Roman in dieser Konsequenz und Kohärenz vorher nicht gekannt hatte. Dieser Ton paßt zur destruktiven Anarchie der Inhalte, die in vorexistentialistisch heftiger Kritik sämtliche Tabus der bürgerlichen Gesellschaft und der sogenannten humanistischen Literatur verletzten. Ferdinand Bardamu, der Held dieses frühen Romans, teilt mit Modianos Figuren das Mißtrauen gegenüber allem Heroisieren, den gleichsam biologischen Pazifismus und die vehemente Ablehnung der Ideologien. Insofern bezieht sich Modiano, wenn er zu Beginn seines Romans einen „pastiche", eine stilistische Nachahmung Célines, als angebliches Zitat dieses Autors entwickelt, durchaus auf ein ästhetisches Modell, dem er für Sprache und Charakterologie seines Werkes zu Dank verpflichtet ist. Dies wird sich deutlich gerade auch an der Verwandschaft des Ich-Erzählers von *La Ronde de nuit* mit Célines Bardamu zeigen.

Andererseits ist das Pseudo-Zitat zu Beginn von *La Place de l'Etoile* eine wüste Beschimpfung des Juden Raphaël Schlemilovitch. Diese Fiktion einer Polemik hat ihre historische Basis in den Pamphleten, mit denen Céline unmittelbar vor Ausbruch des Zweiten Weltkriegs seinem irrationalen Antisemitismus Ausdruck verlieh. Céline beschimpfte alles als jüdisch, was ihm unsympathisch war, ganz gleich, ob die Genannten tatsächlich jüdischer Herkunft oder waschechte Arier im Sinne des faschistischen Rassismus waren. Insofern ist Célines Terminologie eigentlich unpolitisch und eher als affektisch-metaphorisch einzuordnen. (Nach dem Zweiten Weltkrieg wird Céline die mit solcher Tendenz nicht länger opportune Verwendung des Begriffes „jüdisch" in vergleichbar „unernster" Funktion durch „chinesisch" ersetzen.) Es bedeutet jedoch, gelinde gesagt, eine gefährliche und unentschuldbare politische Instinktlosigkeit, sich einen solchen Sprachgebrauch ausgerechnet in einer Epoche zu leisten, die ohnehin bereits höchst konkret mit der vitalen Bedrohung des Judentums begonnen hatte. Insofern ist das „Zitat" zu Beginn von *La Place de l'Etoile* durch Herausgreifen des prominentesten Namens eine Abrechnung mit allen faschistischen Schriftstellern der trüben Epoche, die für Frankreich ihren Kulminationspunkt in der Kollaborationszeit gefunden hatte.

Grundsätzlich hätte Modiano auch andere Schriftsteller nennen können, etwa Drieu La Rochelle, der sich nach der Libération das Leben nahm, oder Robert Brasillach, den seine Landsleute im Zuge der ersten Säuberungsaktionen hinrichteten, vielleicht auch Alphonse de Chateaubriant, den Naturschwärmer unter den französischen Faschisten, oder Abel Bonnard, der mit diesem und mit Céline das Exil der Vichy-Regierung auf der Hohenzollernburg Sigmaringen teilte (vgl. dazu den ebenso makabren wie grotesken, grandiosen Céline-Roman *D'un Château l'autre*, 1957). Er hätte auch an Maurras (1868–1952) und die „Action Française" erinnern können, deren intoleranter Nationalismus mitverantwortlich ist für die Schaffung jenes antisemitischen Klimas, in dem sich ein bodenständiger französischer Faschismus entwickeln konnte (vgl. hierzu Sartres Erzählung *L'Enfance d'un Chef* in *Le Mur*, 1939, die sich hervorragend nicht nur als Einführung in den Existentialismus, sondern auch als protagonistenzentriertes ideologiekritisches Sittengemälde jener Vorkriegsepoche lesen läßt). Wenn Modiano es vorzieht, Céline zu wählen, dann erzeugt er damit genau jene Ambivalenz, die seinen referentiellen Anspielungen meistens eigen ist: die Polyfunktionalität des Namens Céline ist ungleich größer als die der anderen genannten Autoren. Es steht völlig außer Frage, daß seine künstlerische Qualität ihn weit über die übrigen „Kollaborationsschriftsteller" (inwiefern er zu ihnen gehört oder nicht, bedürfte erst wieder einer langen Diskussion) erhebt; als Erneuerer des französischen Romans aus dem Geist der modernen französischen Literatur ist er von einsamer Größe. Insofern ist das „Zitat" auch eine Huldigung. Sie hätte nicht vergleichbar funktionieren können, wenn man einen anderen „anrüchigen", durch Größe nicht entsprechend kompensierten Namen gewählt hätte. Aber gleichzeitig hat auch kein Schriftsteller von bedenkenswertem Niveau eine so hemmungslose Judenschelte betrieben wie Céline. Insofern vereinigt dieser Autor als literarische Persönlichkeit die ganze Widersprüchlichkeit der menschlichen Existenz in sich. Seine hohe ästhetische und moralische Sensibilität bewahrte ihn nicht davor, den literarischen Gestus anarchistischer Zerstörungswut schließlich in den Dienst jener zu stellen, die genau diese Sensibilität von vornherein nicht besaßen und in ihrer gesamten Theorie und Praxis verhöhnten. Das faszinierend-abstoßende Rätsel Céline wird zum Prototyp der Doppelbödigkeit alles Menschlichen und damit auch zum unerreichbaren „Modell" der Charakterologie Modianos, die sich sowohl durch Céline selbst als auch durch dessen Protagonisten inspirieren läßt.

Eine analoge Funktion hat, wenngleich er für andersartige Inhalte steht, der Name Freuds, des Begründers der Psychoanalyse. Nach seinen abenteuerlichen Irrfahrten durch Zeit und Raum „erwacht" Schlemilovitch auf der berühmten Analytikercouch des ebenso bedeutenden wie zu seinen Lebzeiten (und später) angefeindeten Arztes und Wissenschaftlers. Wird es auch durch Modiano nicht ausdrücklich thematisiert, so darf doch in unserem Zusammenhang nicht vergessen werden, daß Freud auch und vielleicht sogar in erster Linie ein hervorragender Schriftsteller war. Außerdem war er Jude und stieß auch gewiß nicht zuletzt deswegen auf so viele Schwierigkeiten bei der Durchsetzung seiner Theorien. Dies alles macht ihn ebenfalls zu einer hervorragenden Identifikationsfigur. Vor allem aber verweist die Nennung dieses Namens den Leser auf den traumatisch-obsessionellen Charakter der psychischen Strapazen, mit denen sich Modianos Figuren – und dies gilt nun nicht mehr nur für Raphaël Schlemilovitch – abplagen. Außerdem steht die literarische Verarbeitung der leidvollen Grunderfahrung eigener Wesenlosigkeit im Zeichen der „Traumarbeit", die Freud als einen der wichtigsten Zeugen für Existenz und Produktionsweise des Unbewußten ins Feld führt. Die halluzinatorischen Verwirrspiele von *La Place de l'Etoile* erwachsen aus diesem Ansatz, der die Logik des Traums für mächtiger hält als die Deduktionen der Ratio (eine strukturelle Strategie, die auch *La Ronde de nuit* noch weitgehend übernimmt). Aber der Rückgriff auf die Psychoanalyse geschieht gleichzeitig selbst „unernst", spielerisch, ist Teil des großen Verwirrspiels und vermag daher nichts aufzulösen: angesichts existentieller Grunderfahrungen ist auch die Psychoanalyse überfordert. Es gibt kein magisch-wissenschaftliches Heil für den Menschen, es gibt nur den Versuch, durch alle Rollenspiele hindurch heiter und traurig zugleich zu sagen, wie er sich quält und gequält wird.

Nacht über Paris

In *La Ronde de nuit* (1969) beweisen sich Widersprüchlichkeit und Schwäche der menschlichen Existenz erneut an einem Ich-Erzähler, der als Getriebener erscheint. Diesmal allerdings dreht sich das narrative Karussell nicht mit derselben halluzinatorischen Geschwindigkeit wie in *La Place de l'Etoile*. Der Schauplatz (Paris) wird begrenzter, und auch die zeitlichen Strukturen sind trotz aller Komplexität weniger aufgelöst als in dem genialischen Erstlingswerk. Ohne die Frage des Antisemitismus im Vordergrund weiterzuverfolgen, lebt auch dieser zweite Modiano-Roman aus der Opposition Verfolger-Verfolgte. Wurde sie in *La Place de l'Etoile* in verschiedensten Masken durchprobiert, deren romaninterne Fiktionalität meist ohne weiteres durchsichtig blieb, so wird sie jetzt zur Basis einer relativ schlichten, konkreten und im Kern durchaus „glaubhaften" Geschichte. Der namenlose Ich-Erzähler, der bezeichnenderweise die „Anthologie des traîtres, d'Alcibiade au capitaine Dreyfus" als sein Lieblingsbuch bezeichnet, gerät in das Netz der Ambivalenzen einer bestimmten geschichtlichen Periode. Es handelt sich um die Zeit der Besetzung Frankreichs durch die Deutschen. Die Okkupation schafft ein Klima, in der ein unauffälliges „normales" Leben, wie es der Erzähler eigentlich am liebsten führen würde, unmöglich wird. Hinter der unechten Helle einer trüben Zeit verbirgt sich die Nacht des Verbrechens und der Bedrohung. Lichtscheue Elemente, die vorher aus gutem Grunde nichts zu melden hatten, können sich nun aus ihren Löchern hervorwagen und mit Hilfe der Protektion durch die Besatzungsmacht nicht nur ihr Schäfchen ins Trockene bringen (ökonomische Kollaboration), sondern auch ihre wirren, dem Faschismus zuneigenden Heilslehren verkünden (ideologische

Kollaboration) und schließlich sogar die Hebel staatlicher Einflußnahme in Bewegung setzen (politische Kollaboration). Wer hingegen aus politisch-ideologischen Gründen gegen diese Tendenzen theoretisch und praktisch anzukämpfen sucht, muß untertauchen und von seinem „dunklen" Versteck aus zu wirken suchen. In der Nacht dieser Zeit stoßen die Vertreter beider Gruppen aufeinander, und die Begegnungen können für beide tödlich enden.

La Ronde de nuit thematisiert im Titel diese ambivalente Nachtseite einer Epoche, die man nachträglich zu gern und zu einseitig nur als heroische Ära der Résistance zu verherrlichen pflegte. Diesen vereinfachenden Mythos zerstört Modiano, indem er seinen Erzähler zwischen beide Lager geraten läßt und so gleichsam von innen her nachweist, daß die Chancen, sich zu den einen oder zu den anderen zu schlagen, potentiell gleichmäßig verteilt sind, schlimmer noch, daß beide Gruppen in die Katastrophe führen und geführt werden: der Verrat ist gewissermaßen von vornherein in der menschlichen Natur angelegt, deren wahres Wesen ihre Schwäche ist, ihre Unfähigkeit, sich gegen die Determinismen von außen zu behaupten, ihre „Widerstandslosigkeit" (= Anti-Résistance). Legt der zweite Teil des Titels den Akzent auf diese Nachtseite eines historischen Augenblicks, so evoziert das erste Titelnomen die monotone Runde, die das Ich zwischen den Lagern dreht, und darüber hinaus den generellen Tanz auf dem Vulkan (vgl. *Rigodon* als analogen Céline-Titel, 1969), der schon die Katastrophe in sich birgt. Die historische Zerrissenheit hat ihre ontologische Basis in der moralisch-metaphysischen Vitalschwäche des Menschen, die Modianos eigentliches Thema ist und die seine literarische Fürsorge dazu veranlaßt, sich seiner selbstgeschaffenen und doch der armseligen Wirklichkeit nachempfundenen Kreaturen immer wieder mit so behutsam zärtlicher Ironie anzunehmen (vgl. auch den bezeichnenden Titel *De si braves garçons*, 1982). Der Ich-Erzähler in *La Ronde de nuit* ist Verräter an der guten ebenso wie an der schlechten Sache, weil er sich eigentlich überhaupt nicht engagieren, sondern nur ganz einfach leben möchte. Es gibt jedoch Zeiten, die gerade dies nicht erlauben. Sollte man deshalb die Zeiten anprangern oder das ihnen ausgelieferte Individuum? Man kann nicht sagen, daß Modiano ausdrücklich das eine oder das andere täte. Doch da er letztlich immer auf der Seite des Schwächeren steht, darf man den Schluß ziehen, daß er indirekt davor warnt, den Menschen moralischen Belastungsproben auszusetzen, für die er nicht geschaffen ist, daß er die Nacht der vierziger Jahre nicht nur als Metapher für die Ambiguitäten der Existenz literarisch nutzt (vgl. Gespräch mit Ezine), sondern auch als kritisches Antimodell einer für den Menschen geeigneten Epoche versteht. Insofern ist es für Modiano wichtig, nicht in erster Linie eine kohärente Geschichte zu erzählen — freilich kann man in *La Ronde de nuit* unschwer ein Nacheinander von Phasen doppelten Pseudoengagements und doppelten Verrates rekonstruieren —, sondern ein Klima heraufzubeschwören, das jene Zeit auch für den nachempfindbar macht, der nicht in ihr gelebt hat. Dies gilt ja auch für den jungen Autor selbst, der daher zum Spurensucher werden muß.

Dabei hilft ihm zunächst eben jene Polyvalenz von literarisch verwertbaren Orten, auf die im Zusammenhang mit *La Place de l'Etoile* schon hingewiesen wurde. Die destruktive Dynamik des nächtlichen Reigens geht aus von bestimmten Pariser Straßen und Plätzen, deren Existenz mittels eigener Stadtwanderungen (hilfsweise anhand eines beliebigen Pariser Straßenverzeichnisses) überprüft werden kann. Das Hauptquartier der Widerstandsgruppe der „Chevaliers de l'Ombre" befindet sich auf der Rue Boisrobert im 15. Arrondissement, die buntgescheckte Kollaborationsgruppe hat sich am Square Cimarosa, im eleganten 16. Arrondissement, niedergelassen und dort eine Villa okkupiert, die bessere Zeiten und vor allem ehrenwertere Bewohner gesehen hat. Diese prominente Raumachse wird ergänzt durch ein ganzes Netz von Markierungen, in denen die Vorfabel der Erzählung, gleichzeitig die im eigenen Innern rekapitulierte ironisch resümierende und demaskierende Kurzbiographie des Protagonisten, sich zu einer kritischen Pariskarte entfaltet:

> Tout commence au Bois de Boulogne. Te rappelles-tu ? Tu joues au cerceau sur les pelouses du Pré Catelan. Les années passent, tu longes l'avenue Henri-Martin et tu te retrouves au Trocadéro. Ensuite place de l'Etoile. Une avenue devant toi, bordée de réverbères étincelants. Elle te semble à l'image de l'avenir : chargée de belles promesses — comme on dit. L'ivresse te coupe le souffle au seuil de cette voie royale, mais il ne s'agit que de l'avenue des Champs-Elysées avec ses bars cosmopolites (...). Place de la Concorde, tu portes des chaussures en lézard, une cravate à pois blancs et une petite gueule de gigolo. Après un détour par le quartier «Madeleine-Opéra», tout aussi vil que les «Champs-Elysées», tu poursuis ton itinéraire et ce que le médecin appelle ta DE-COM-PO-SI-TION MO-RA-LE sous les arcades de la rue de Rivoli (38 f.).

Modianos Straßen evozieren Vergangenheit und die mit ihnen verknüpfte(n) Geschichte(n); gleichzeitig aber bezeichnen sie höchst präzise Gegenwärtiges, und genau das dient der Grundabsicht des Autors: die Vergangenheit als eine Wirklichkeit heraufzubeschwören, die mit uns selbst zu tun hat, die jeder von uns auf seine Weise wiederfinden kann und wiedersuchen sollte. Hinter dem lärmenden Leben der faszinierenden Gegenwart von Paris ist eine Nacht verborgen, die nicht vergessen werden darf.

Stadttopographie und Figurennamen

Paris ist bei Modiano nicht nur der Schauplatz einer Geschichte oder der geographische „itinéraire" eines Erzählers. Immer wieder verbindet der Autor vielmehr Pariser Orte mit ethischen Wertungen („Tristesse du *Lido*. Etapes navrantes que sont le *Fouquet's* et le *Colisée* (...) Plus loin, Rumpelmayer aux parfums de chairs flétries. (...) Le ventre de Paris est une jungle zébrée de néons multicolores", 39).

Ein solcher Umgang mit dem Parismotiv kann für den Leser nur richtig funktionieren, wenn er mit der Tradition dieses gewichtigen Themas vertraut ist. Modiano setzt nämlich implizit voraus, daß Deskriptionen nicht oder kaum mehr erforderlich sind, daß es genügt, das moralische Konzentrat eines Ortes, eines Stadtteils, einer Straße elliptisch anzuzitieren.

Die moralisierende Ausdeutung und Zusammenfassung von Stadttopographie ist insbesondere seit Balzac, der mehrere Romane seiner *Comédie Humaine* den „Szenen des Pariser Lebens" widmete, ein geläufiges literarisches Verfahren. Mit der Romantik und Balzac beginnen sich Deskription und ethische Auswertung von Paristopographie so zu verbinden, daß die zweite Struktur die erste immer stärker überlagert.

Zwar kannte man schon seit dem Mittelalter Paris beispielsweise als Objekt des Städtelobs (Eustache Deschamps, François Villon), des Städtevergleichs (Claude Le Petit), als von der Landschaft auf die „cité" übertragenen „locus amœnus", der die Liebe begünstigt (Clément Marot), oder, dies besonders seit dem 17. und 18. Jahrhundert, auch als Ort des Lärmes, des Schmutzes, der politischen Unruhen (Scarron, Mercier, Restif de La Bretonne). Aber erst das 19. Jahrhundert überträgt alle diese Eigenschaften resolut auf die Kollektivfigur Paris, deren Inkarnation man abwechselnd männliche oder weibliche Züge gibt. Derartige Modelle, in denen Paris als Eden und Inferno, Heros oder babylonische Hure in Erscheinung tritt (cf. Pierre Citron, *La Poésie de Paris dans la Littérature Française de Rousseau à Baudelaire*), verbunden mit dem Motiv des „flâneur" (Baudelaire, Flaubert, Apollinaire, die Surrealisten), liegen der Parisverarbeitung bei Modiano zugrunde, werden von ihm als Arsenal, aus dem er selbst schöpft oder dessen Funktionieren er doch als bekannt voraussetzt, genutzt, komprimiert und transformiert.

In den Visionen des Untergangs, zu denen das nachempfundene Klima der vierziger Jahre den Autor inspiriert, versinkt schließlich auch das stolze Schiff Paris, das seine mythologische Entstehung der natürlichen Lage in der Seine verdankt, die schon dem Schiff des Stadtwappens zugrundeliegt, in den Fluten einer historisch und ontologisch zu deutenden Zerstörung.

Ironisch werden auch die Pole „verführerische Feminität" und „kühner Heroismus", zwischen denen das Parisbild des 19. Jahrhunderts schwankt, von Modiano aufgegriffen und verarbeitet. Sie prägen die opponierten Orte der Kollaboration und des Widerstands, durchziehen die (immer nur anzitierte) „Beschreibung" der mit ihnen verbundenen Gruppen und Individuen und verbinden sich schließlich in kritischer „Synthese" zu einem gemeinsamen unentrinnbaren Magma der Orientierungslosigkeit.

Modianos Parisbild ist trotz der oben dargelegten Überprüfbarkeit der Straßennamen nicht referentieller Natur in dem Sinne, daß es dem Autor dabei in erster Linie um die „couleur locale" als historisch richtige Oberflächenstruktur von Orten ginge. Vielmehr soll der spezifische Geist von Orten evoziert werden, das, was die Namen an realem und literarischem Vorwissen in Bewegung setzen. Namen sind für Modiano Kürzel, die in eine mythische Welt initiieren, gebildet aus „réalité" und „rêve" etwa in dem Sinne, wie dies bei den Surrealisten der Fall war (vgl. Aragon, *Le Paysan de Paris*; Breton, *Nadja*). Insofern setzen sie prinzipiell eine breite Intertextualität voraus, die grundsätzlich poetischer Natur ist.

Dieser elliptische Umgang mit einer mythischen Tradition überträgt sich von der Paristopographie auch auf die übrige Namengebung des Romans. Die Beinamen des Helden z. B. füllen sich semantisch erst auf Grund der Intertextualität mit der Geschichtsschreibung (Princesse des Lamballe) oder einer Kombination aus Unterhaltungsmusik und mittelalterlicher Literaturtradition (Swing Troubadour).

Für die zahlreichen Eigennamen der Kollaborateure gilt im wesentlichen, daß sie bewußt diversen Klischees huldigen (Exotismus, Kosmopolitentum) und so zu lesen sind.

Es ist insofern müßig, sich zu fragen, ob sich hinter den Personennamen wirkliche Figuren verbergen oder ob alles nur Fiktion des Autors ist. Gewiß hat Modiano bei der Struktur der beiden opponierten Gruppen historische Modelle im Blick, und er mag sich unter anderem durchaus auch historischer Namen bedienen, doch kommt es ihm nicht darauf an, einzelne Gestalten entschlüsseln zu lassen. Wichtig ist vielmehr das Gesamtklima, das entstehen soll, die Wirkung, die von der Namengebung ausgeht.

Bevor man hier auf Details eingeht, ist zunächst grundsätzlich die Häufung der Eigennamen zu unterstreichen, unter denen einzelne Elemente durchaus nicht unverzichtbar sind. Nicht jeder Name ist als solcher für die erzählte Geschichte von im Laufe des Textes genutzter Bedeutung; man könnte sich durchaus einzelnes weggelassen oder ersetzt denken. Die Namenhäufung in ihrer partiellen Austauschbarkeit funktioniert jedoch als Signal, das die elementare Aussage enthält: „Nous sommes le réel" (Roland Barthes, *L'Effet de réel*, 1982). Bei Modiano hat diese Aussage den Sinn, unüberhörbar darauf zu verweisen, daß seine narrative Kontemplation, auch wenn sie elliptisch, verzerrend oder gar halluzinatorisch verfährt, die (historische) Wirklichkeit als Basis postuliert und voraussetzt.

Über diesen diffusen „effet de réel" hinaus verweisen die Namen insbesondere der Kollaborateure auf eine buntscheckige Gesellschaft, die dem ebenso verharmlosenden wie verräterischen, weil rein materielle Interessen indizierenden, kosmopolitisch ausgerichteten Decknamen „Société Intercommerciale de Paris-Berlin-Monte-Carlo" alle Ehre macht: Neben den wenigen rein französisch gebildeten Namen (z. B. Simone Bouquereau) gibt es ein ganzes Spektrum italienisch (Baruzzi), angelsächsisch (Violette Morris), deutsch (Lydia Stahl), slavisch (les frères Chapochnikoff), asiatisch (Hayakawa) klingender Namen. Eine kurios zusammengesetzte „Aristokratie" ist dabei so deutlich überrepräsentiert, daß man nicht so sehr auf eine authentische gesellschaftliche Klassenzugehörigkeit als vielmehr auf die gespielte Selbstdarstellung einer fragwürdigen Halbwelt schließen soll, die sich ihre „noms de guerre" vermutlich weitgehend selbst gegeben hat (Lionel de Zieff, Pols de Helder, le comte Baruzzi, Jean-Farouk de Méthode, Gaétan de Lussatz, Irène de Tranzé, Otto da Silva, la baronne Lydia Stahl). Namen wie „Frau (sic) Sultana" und „Lydia Stahl" dienen überdies dazu, ein doppeltes Deutschlandbild zu evozieren: „Frau Sultana" ist ein Talmiñame, der Jahrmarktphantasien hervorruft und damit eine rapide Abwertung potentieller Kulturkontexte herstellt, während der Name „Stahl" (über die auf der Hand liegende Assoziation „Kruppstahl") die Aggressivität der deutschen Rüstung und des daraus enstandenen Angriffskrieges evoziert. (Dieselbe Mischung aus Aggressivität und unseriöser Frivolität soll im übrigen bei der Darstellung der Kollaborateure durch die Verbindung von Folter einerseits mit zwielichtigem erotischen Klima, insbesondere unter den tanzenden homosexuellen Paaren, andererseits zum Ausdruck gebracht werden.) Die solchermaßen suggerierte Internationale der Korruption steht allerdings zweifelsfrei unter französischer Leitung, und Modiano hebt dies sogar hervor, indem er den beiden Anführern im Gegensatz zu ihren eher schemenhaft bleibenden „Freunden" distinktive Merkmale und Lebensgeschichten verleiht: der französische Leser soll sich nicht darauf hinausreden können, die Kollaboration sei nichts als ein Import aus dem Ausland gewesen; Modianos Mythen denunzieren gleichzeitig andere Mythen.

Paristopographie und Figurennamen partizipieren bei Modiano demnach grundsätzlich an demselben Verfahren: sie sind nicht nur als orientierende „informants" (Barthes), sondern als moralische Indikatoren zu verstehen.

Auf die Gruppe der Widerstandskämpfer läßt sich diese Erkenntnis allerdings insofern nur bedingt anwenden, als die (Deck-)Namen der einzelnen neutral gehalten sind, freilich mit Ausnahme des Namens Saint-Georges, der zwar zunächst eine Metrostation bezeichnet, aber in der ebenso gerührten wie ironischen Perspektive des Autors auch die mythisierende Selbstinterpretation jener verrät, die für die (bezeichnenderweise mit der Majuskel versehenen) heiligen Güter „Bien, Liberté, Morale" (66) kämpfen.

Sind die Namen der übrigen Widerstandskämpfer indiziell eher belanglos, so ist der Kollektivname der Gruppe dafür umso sprechender: als „Chevaliers de l'Ombre" geben die Mitglieder ihr (anachronistisches?) Sendungsbewußtsein ebenso wie den Zwang zur „clandestinité" zu erkennen. Modiano gelingt es durch diese Namengebung, Sinn und Methode der Widerstandstätigkeit in einem stilistischen Kürzel zusammenzufassen und ihr Treiben in ein melancholisch-komisches Licht zu tauchen.

In den einander opponierten Beinamen des Erzählers schließlich, auf dessen Rolle noch einzugehen sein wird, gipfelt diese paradigmatisch ordnende Funktion der Namengebung, die sich in variierter Form auch an den wirklich oder nur scheinbar „echten" Titeln von Büchern, Gedichten, Songs und sonstigen Zitaten nachweisen läßt.

Wie man sieht, nimmt der Umgang mit den Namen bei Modiano eine wichtige semantische Strukturfunktion wahr. Außerdem tragen die Namen in der Dichte ihres Vorkommens jedoch wesentlich mit dazu bei, das suggestive, mit einem Netz von Allusionen arbeitende Evokationspotential der Sprache des Autors zu erstellen: insofern sind sie ein unverzichtbares Element der charakteristischen „Melodie" des Modianostils.

Aufgespielt zum Totentanz

Neben den Orts- und Figurennamen kennt Modiano andere privilegierte Möglichkeiten, Vergangenes suggestiv zu „dokumentieren". Modiano liebt das Zitat und das Pseudo-Zitat. Dies wurde schon deutlich an den literarischen „pastiches" und Allusionen in *La Place de l'Etoile*. Auch in *La Ronde de nuit* tauchen Gedichtverse auf (z. B. das Opheliamotiv aus Bertolt Brechts „Ballade vom ertrunkenen Mädchen", z. T. übrigens sinnentstellend falsch zitiert, 33 f.). Besonders häufig aber finden sich Liedzeilen und Songtitel (sowie Namen von verschollenen Stars). Längst bevor diese Rückwendung in Literatur und Film zur nostalgischen Mode wurde, hatte Modiano die ansteckende Faszination derartiger Verfahren erkannt und ihre mnemotechnische und emotionale Kristallisationsfunktion ausgenutzt. Derartige „Texte im Text" fungieren in seinem Gesamtwerk stets als Wege, meist zu den verworrenen vierziger Jahren, immer aber zu verschütteter oder verdrängter und insofern „unbewältigter" Vergangenheit. Der Romantitel *La Ronde de nuit* gehört selbst in diesen Evokationszusammenhang, denn er ist ursprünglich (angeblich) der Titel einer alten Operette. Im Laufe des Romans werden immer wieder Songs und Schlager der vierziger Jahre zitiert. Sie dienen zunächst der Versinnlichung einer abstrakt gewordenen Vergangenheit:

> Quant aux chansons ce furent: «Swing Troubadour», «Etoile de Rio», «Je n'en connais pas la fin», «Réginella»... Souvenez-vouz (70).

Musik untermalt aber vor allem den speziellen Reigen („ronde"), zu dem die Zeit aufspielt: es ist der nächtliche Reigen der Angst, des Verrats, des Risikos, des Abenteuers, des Doppelspiels. So wird die Wirkung der Musik, die zunächst dem Ziel der Heraufbeschwörung versunkener Welten untergeordnet war, durch den Kontext auch kritisch gefärbt. Musik ist nicht mehr nur schöner Klang, sie erweist sich als Tanz über dem Abgrund und verlogene Sentimentalität. Unter anderen spielen hier gerade auch deutsche Titel und Songzeilen eine entscheidende Rolle. Sie ersparen langatmige historische Erläuterungen und verhelfen „beiläufig" dazu, das Klima der Kollaboration auch materiell, auf der Ebene der Signifikanten, zu erstellen. Man spielt „Zwischen heute und morgen" (7) – ein Titel, der nebenbei das unsolide Provisorium der Zeitläufte symbolisiert – oder „Du, Du gehst an mir vorbei" (8) und läßt zu peinlichen Verhören „Bei zärtlicher Musik" (9) erklingen, wie die Kollaborateure überhaupt ihr gewissenloses Treiben gern mit „de la musique douce" (7, 12) untermalen. Die Korruption Deutschlands und seiner Komplizen wird gewissermaßen an der Korruption der deutschen Musik aufgezeigt. Modiano stellt hier eine beliebte literarhistorische Tradition auf den Kopf. Für ihn ist Musik nicht länger sublimierende Metonymie des „deuschen Wesens", wie dies in der französischen Literatur seit Madame de Staël (*De l'Allemagne*, 1810) üblich war (man denke nur an Balzacs *Cousin Pons*, 1847, Romain Rollands *Jean Christophe*, 1905—1912, oder selbst noch an Vercors' idealisierende Résistance-Novelle *Le Silence de la mer*, 1942). Jetzt ist sie heruntergekommen wie die ganze Kulturwelt, die sie repräsentierte. Die Zeilen des Zarah-Leander-Liedes „Nur nicht aus Liebe weinen", in deutscher Sprache zitiert, verteilen sich über mehrere Seiten, werden jedoch unterbrochen durch Erinnerungsfetzen des Erzählers, in denen aus dem Singen ein Röcheln wird und sich der Reigen in eine „danse macabre" verwandelt.

Musik und Gewalt gehen eine unheilige Allianz ein; Musik wird ausnutzbar für das Inhumane. Dies zeigt sich besonders am zwielichtigen „inspecteur Philibert", der zusammen mit dem (nach seiner Lieblingszigarettensorte benannten) „Khédive" das Führungsgespann der Kollaborateure bildet. Das Klavierspiel dieses angeblichen „garçon sensible" und „mélomane hors pair" (23) entlarvt sich als Schminke über der Unnatur: in die Schreie der Opfer mischen sich Gesang, Tanz und Musik der Henker. Der „philtre magique" (84) der Musik erweist sich als tödlich: die Romantik, der die Verherrlichung der musikalischen deutschen Seele entstammt, trifft auf die schaurige Ironie der Geschichte, die ihre Ideale ad absurdum führt.

Die Erzählperspektive

In den meisten Romanen Modianos gibt es ein Ich, das als Erzähler, Handelnder und Reflektorfigur (vgl. Stanzel, *Erzähltheorie*) im Mittelpunkt steht. Dies ist auch in *La Ronde de nuit* der Fall. Insofern scheint die narrative Struktur des Romans ganz selbstverständlich in das Schema modernen Erzählens, wie es spätestens seit Camus' *Etranger* niemanden mehr befremdet, zu passen. Aber gerade im Vergleich mit diesem zwischen Tradition und Moderne stehenden Camus-Roman zeigt sich jetzt ein wichtiger Unterschied. Im *Etranger* nämlich kann man sich die ganze Geschichte notfalls als kurz vor der im Text nicht erfolgten Vollstreckung des Todesurteils registriert denken, wohingehen in *La Ronde de nuit* (und übrigens auch in *La Place de l'Etoile*) von jenseits der Todesgrenze her erzählt wird: obwohl „narrateur" und „acteur" miteinander „identisch"sind, überlebt der „narrateur" den „acteur". Er kann ihn nicht nur bis ans bittere Ende begleiten, sondern das Ganze aus einer Retrospektive erzählen, die „realiter" nicht möglich ist: es gibt keine „authentische" Erinnerung, die es erlauben würde, die eigene Hinrichtung mit einzubeziehen (*La Place de l'Etoile*) oder die Verfolgungsjagd durch die Pariser Straßen bis zum fatalen Schußwechsel oder „Verkehrsunfall"(*La Ronde de Nuit*) nachträglich einzublenden. Nur eine vom Ich abgespaltene zusätzliche Erzählfunktion könnte, einer Filmkamera gleich, den „narrateur-acteur" so weit begleiten.

Wenngleich das Ich in *La Ronde de nuit* eine sehr viel weniger surreale Kunstfigur ist als in *La Place de l'Etoile*, legt doch die Unwahrscheinlichkeit der Verbindung zwischen Romanschluß und Erzählsituation nahe, das handelnde und das erinnernde Ich als zwei nur vorübergehend deckungsgleiche Momente einer beide umfassenden, über jedes einzelne von ihnen jedoch hinausreichenden Erzählfunktion zu verstehen. Diese Funktion begleitet das Ich bei seinen armseligen Tätigkeiten als „maître chanteur" und „indic de police" (57) eines zweifelhaften Detektivbüros (von Modiano gern als Erzählfigur der Spurensuche verwendet), das sich unter der deutschen Besatzung zur Brutstätte für Kollaborateure, Denunzianten und Mörder entwickelt. Die Erzählfunktion präsentiert dem Leser dieses Ich gleichsam auktorial durch vermittelnde Anweisungen und Fragen („Entendez-moi bien: je ne suis pas membre de la Société protectrice des animaux ni de la Ligue des Droits de l'Homme. Ce que je fais? Je marche à travers une ville désolée", 43 f.) und erforscht mit Hilfe des Pronomens der zweiten Person (Singular oder auch, ähnlich wie in Butors *Modification*, 1957, Plural) immer wieder die Windungen seiner rückwärtsgewandten Psyche:

> Quand vous étiez enfant, vous aviez toujours peur dans ces manèges qui vont de plus en plus vite et qu'on appelle des chenilles. Souvenez-vous... (31).
> Te voici parvenu au terme de ton itinéraire et tu ne peux plus revenir sur tes pas. Trop tard (39).

Auf Grund der Sprechsituation wird der Leser demselben Verhör unterzogen wie der Protagonist.

Diese Erzählfunktion, die ganz offensichtlich den charakterologischen und epistemologischen Möglichkeiten des handelnden Ichs überlegen ist, kann sich auch thematische, ins Hierarische nominaler Gültigkeit überführte Resümees erlauben, die einer Kurzinterpretation des überwiegend präsentisch wiedergegebenen, jedoch von Vergangenheitsspuren und Wunschträumen durchsetzten Handlungsablaufs gleichkommen:

> D'un côté les héros «tapis dans l'ombre» : Le lieutenant et les crânes petits saint-cyriens de son état-major. De l'autre, le Khédive et les gangsters de son entourage. Et moi, ballotté entre les deux avec des ambitions, oh, bien modestes : BARMAN dans une auberge des environs de Paris (46).

Diese Metafunktion kann sogar Behauptungen vorbringen, die im Erzählkontext referentiell unsinnig sind, ohne sich um eine Absicherung ihres richtigen − poetischen − Funktionierens zu kümmern („Je me trouvais déjà à bord du *Titanic* quand il a fait naufrage", 47).

Das Verfahren der unkommentierten Einbringung von vergangenen oder zukünftigen Zeitphasen, die nicht zur Präsensachse der vierziger Jahre passen können, ist ein wichtiges Mittel der Verfremdung einer potentiellen Chronik in die poetisch suggestive Beschwörung hinein. Doch damit ist das „Unwahrscheinliche" der Perspektive noch nicht ausreichend beschrieben. Bei genauerem Zusehen erkennt man, daß die Präsensachse der vierziger Jahre durch eine zweite, offensichtlich viel später anzusetzende Präsensachse (49 ff.) überlagert wird. Diese zweite Achse hat eine Durchwanderung des aus dem „naufrage" wieder auferstandenen Paris zum Inhalt, gleichsam eine friedliche „ronde", von der aus sich eine Serie von Vergangenheitsringen entwickelt, deren genaue Interdependenzen und deren innerfiktionaler Realitätsstatus nicht definitiv ausgemacht werden können:

> Le mois d'août à Paris provoque l'afflux des souvenirs. Le soleil, les avenues vides, le bruissement des marronniers... (49).

Der Square Cimarosa mit dem „hôtel particulier du 3 bis", das einst dem vornehmen Geschlecht der Bel-Respiro und nach ihnen den zwielichtigen Kollaborateuren als Residenz gedient hatte, wird zu einem jener Meditationsobjekte, wie sie der Schriftsteller Modiano als Inspirationsquellen seiner Kunst benötigt:

> Cinq heures de l'après-midi. Du soleil, tombent sur la place de grandes nappes de silence. J'ai cru distinguer une ombre derrière la seule fenêtre dont les volets ne soient pas clos. Qui habite encore au 3 *bis*? (52)

Gemessen an der neuen Präsensachse, erweisen sich Kollaboration, Résistancespiel, Verrat und Selbstopfer nicht nur als längst vergangene, sondern als zur neuen Erzählsituation nicht passende Elemente, hatte die angeblich „erinnerte" Vergangenheit doch mit einem Massenmord und dem Auslöschen des erzählenden Anstifters geendet. Ich (I), das inhaltlich dominierende Ich, das in den vierziger Jahren zwanzig Jahre alt war, ist demnach eine Imagination oder besser eine Projektion der nostalgischen Ängste des strukturell übergeordneten Ich (II), dessen „état civil" völlig hinter seiner narrativen Funktion zurücktritt. Es gibt also selbst innerfiktional keine historische, sondern nur eine poetische Einheit des Ich-Erzählers.

Für die vorbehaltlose Übernahme des schuldig gewordenen und schließlich in kläglich verspätetem Martyrium untergegangenen Protagonisten durch den wohl eine Generation später zu situierenden, dem Autor natürlich nicht ganz fernstehenden „eigentlichen" Erzähler gibt es im wesentlichen zwei Gründe, die eng miteinander verbunden sind. Der erste Grund hat mit der Konzeption des Inhalts zu tun. Modiano will durch die temporale Grenzüberschreitung zeigen, daß die Bedingungen der vierziger Jahre nicht etwas Einmaliges und völlig Arbiträres sind, sondern grundsätzlich mit der menschlichen Existenz zusammenhängen, deren essentielle Faktoren sich am prominenten poetischen Bild der Okkupation besonders eindringlich gestalten lassen. Der zweite, durch den ersten bedingte Grund bezieht sich auf die Textrezeption. Die naheliegende Leseridentifikation mit dem Ich-Erzähler könnte möglicherweise ohne Erkenntnis- und Verhaltenskonsequenzen bleiben, wenn das Schicksal des Ichs sich mit einer definitiv zu Ende gegangenen Epoche verbraucht hätte. Anhand der erzähltechnischen Übernahme dieses Schicksals durch ein späteres, nicht mit den Zeitläufen untergegangenes Ich wird es dem Leser ermöglicht, seinen Teil Verantwortung für die schwache menschliche Natur („Judas, mon frère aîné", 61) mitzutragen. Gerade das schwache Ich ist in *La Ronde de nuit*, erzähltheoretisch und damit letztlich auch philosophisch gesehen, nicht unterzukriegen; es überlebt immer, steckt in jedem von uns und wird damit zur wahren menschlichen Natur.

Visionen des Untergangs

Der Autor Patrick Modiano und die meisten seiner Figuren haben ein sensibles Gespür für die Vanitas-Strukturen der Welt und aller menschlichen Anstrengungen. Insofern ist die Kategorie Zeit mit ihren Auflösungsmechanismen das natürliche Thema dieses Erzählens. Geradezu obsessionell kehren zerfließende und zerbröckelnde Gesichter wieder.

In einer Epoche nun, die an sich schon durch den Charakter des Übergangs, der Unsolidität, gekennzeichnet ist — dies natürlich doppelt aus der „wissenden" Rückschau —, potenziert sich der verheerende Charakter des Zeitlichen; er nimmt Katastrophenausmaße an und taucht die gesamte Romanwelt ins fahle Licht der Dekadenz. Die gedämpft melancholischen Farben in *La Ronde de nuit* („lumière… voilée comme celle des mauvais rêves", 7), die violette Töne dominieren lassen und damit nicht zufällig an Karfreitagspassionen erinnern, erstellen dieses spezifische Modianoklima, aber auch der verwöhnte Dandylook des Protagonisten und derer, die ihn bezahlen (8): er paßt nicht nur zum Amüsierbetrieb der Kollaboration, sondern auch zum rückwärtsgewandten, leicht ironischen Narzißmus der Gattung.

In zahlreichen Bildern wird Apokalyptisches suggeriert. Die Kollaborationsgesellschaft tanzt über dem Abgrund, den sie zunächst den Opfern, gleichzeitig aber auch sich selbst bereitet:

> Ils se décomposent tous et vont certainement pourrir sur place (9).

Man spielt Verstecken (12) und Blindekuh (16) und läßt sich die Zukunft, die man nicht hat, aus der Hand lesen (19): kindische Formen der Flucht aus einer nur scheinbar domestizierten Gegenwart, die entgleitet wie ein entfesseltes Karussel („comme autrefois la chenille ‚Sirocco' à Luna Park", 32). Bilder grell überschminkter Realität („Les femmes sont beaucoup trop fardées. Les hommes portent des habits acides", 8) verbinden sich mit lyrischen Kadavervisionen („Als ihr bleicher Leib im Wasser…", 33). Zwar ist es ohne Zweifel nicht Absicht, wenn Modiano, der anfangs richtig aus dem Brechtgedicht zitiert, später gänzlich die Kontrolle über die deutsche Sprache verliert, so daß die Verse schließlich in ein völlig unverständliches Geraune ausarten: für den des Deutschen mächtigen Leser trägt dieser mindestens nicht sorgfältig vermiedene linguistische Zufall ein übriges zur semantischen Destruktionstendenz des Romans bei.

Das Opheliamotiv des zitierten Liedes gehört dabei zu einer umfassenderen Auflösungsmetaphorik, die ihren Kulminationspunkt im Titanic-Symbol findet. Der sinkende Ozeandampfer wird zum Bild für das dem Untergang geweihte Paris:

> Je me trouvais déjà à bord du *Titanic* quand il a fait naufrage (47).
>
> J'étais sur la plage arrière d'un paquebot qui voguait vers le nord-ouest, emportant avec lui la Madeleine, l'Opéra, le palais Berlitz, l'église de la Trinité. Il sombrerait d'un instant à l'autre (60).

Neben den Bildern des eher passiven Erleidens, wie es sich besonders im ertrunkenen Mädchen spiegelt, gibt es bei Modiano (in vielen seiner Romane wiederkehrende) Reminiszenzen an Herostratfiguren (die Massenmörder Petiot, Landru und Weidmann fungieren als negative Identifikationsmuster) und Evokationen konkreter Hinrichtungsszenen.

Der einzelne in einer untergehenden Welt: das ist Modianos Grundthema, von dem aus sich die verschiedenen Geschichten und die melancholisch-selbstquälerische Metaphorik der inzwischen schon recht stattlichen Romanserie mit einiger Selbstverständlichkeit aufzudrängen scheinen. Die Modalität vergänglicher Impressionen und des memorierenden Festhaltens ihrer Flüchtigkeit verdrängt dabei zunehmend den vordergründigen Inhalt der „Chronik". Handfeste Geschehnisse werden von Roman zu Roman spärlicher und lösen sich auf im Narzißbrunnen ipsoflexiver Erinnerung, deren diskret kreisende Wellen immer wieder bei sich selbst ankommen:

Seul depuis toujours... (62).

„Swing Troubadour" und „Princesse de Lamballe"

Inmitten der versinkenden Welt von *La Ronde de nuit* treibt ein Ich, das keinen festen Halt kennt. In der nachgeholten Vorfabel des Textes war der Erzähler ein kleiner Angestellter in einem schäbigen Detektivbüro, bevor er zwischen zwei Lager geriet, denen er nicht gewachsen war. Es gibt Allusionen auf seine Herkunft, die „unernst" sind wie die Behauptung, er sei schon beim Untergang der Titanic dabei gewesen. Dazu gehört die (von Modiano gern vorgenommene) Berufung auf den „Vater" Alexandre Stavisky. Der Name dieses berühmt-berüchtigten Hochstaplers dient dazu, schon die – eben gerade nicht vorhandenen – „Wurzeln" des Protagonisten in die Aura der Ambivalenz zu tauchen. Diese Ambivalenz charakterisiert auch, wenngleich die Beziehung immerhin nicht nur imaginierter Natur zu sein scheint, das Verhältnis zur Mutter. Die Mutter prophezeit ihrem Sohn ständig, es werde mit ihm ein böses Ende nehmen – übliche Mütterängste werden hier auf die Spitze getrieben und durch die Lebensgeschichte des Sohnes bestätigt –, und der „fils-modèle" sorgt eher mechanisch für die Sicherheit der Mutter, indem er sie abschiebt. Ohne richtig abgenabelt zu sein, ist der Sohn doch einsam. Das motiviert und potenziert seine charakterologische Bindungslosigkeit, macht ihn in besonderem Maße anfällig für Druck von außen.

Das – Scott Fitzgerald entlehnte – Motto des Romans „Pourquoi m'étais-je identifié aux objets mêmes de ma compassion et de mon horreur?" (7) stellt den Sachverhalt einer solchen ungewollten Anfälligkeit mit Betroffenheit fest. Man kann und muß das Motto mindestens auf die Situation des handelnden Protagonisten (Ich I) beziehen, man wird aber auch nicht zweifeln an seiner Gültigkeit für den übergeordneten Erzähler (Ich II) und für den Autor. Der den Protagonisten überlebende Erzähler versetzt sich bis zur Selbstaufgabe in die von ihm erinnerte Geschichte und die in ihr angesiedelten Geschichten hinein, und der Autor geht dem Schicksal seiner Figuren mit Akribie und unter Verzicht auf ideologische Parteinahme nach. Dabei gibt es eigentlich durchaus natürliche Sympathien und Abneigungen, wie schon aus dem Motto des Romanes hervorgeht. Auf *La Ronde de nuit* übertragen, könnte man versucht sein, die Kollaborateure eher als „objets d'horreur", die Widerstandskämpfer als „objets de compassion" zu qualifizieren. Die Tatsache, daß der „Held" beiden angehört, untermauert dann präzise die Aussage des Mottos. Durch die partielle Übernahme von entgegengesetzten Gruppenidentitäten schafft sich der wesenlose Protagonist eine höchst problematische „Identität", deren Natur Zerrissenheit, Nicht-Zugehörigkeit, Ekel ist. Es ist bezeichnend, daß der Protagonist im Text ohne eigenen bürgerlichen Namen bleibt und sich seine „noms de guerre" nicht selbst aussucht, sondern von den Anführern der feindlichen Gruppen erhält.

Als Kollaborateur heißt er „Swing Troubadour", als Widerstandskämpfer „Princesse de Lamballe". Eins erscheint ihm so unwirklich wie das andere, weil das Treiben dieser ganzen Welt ihm wahnwitzig vorkommt:

> Des ombres agrippaient les revers de ma veste, me tiraillaient des deux côtés, m'appelaient tantôt «Lamballe», tantôt «Swing Troubadour», me poussaient de Passy en Sèvres-Lecourbe et de Sèvres-Lecourbe en Passy sans que je comprisse rien à leurs histoires (87).

Der Name „Swing Troubadour" ist einem Chanson entlehnt, das im Text ausführlich zitiert wird. Der Name spiegelt die unechte Romantik der „Société Intercommerciale de Paris-Berlin-Monte-Carlo", die im Taumel zynischer Vergnügungen über dem Abgrund tanzt und dabei sich und andere mit in die Tiefe reißt. Die Melancholie der angeführten Verse deutet bereits in der rhetorischen Figur narzißtischen Selbstmitleids die Hoffnungslosigkeit des Endes an:

> Tout est fini, plus de prom'nades
> Plus de printemps, Swing Troubadour... (48).

Das „swingende" Paris, in das der Text gleich zu Anfang einführt, enthält eine disparate Welt, deren Inkohärenz schon durch die Exotik der Namen (deutsche, z. B. den sprechenden Namen „Lydia

Stahl", eingeschlossen) symbolisiert wird. Die divergierenden Interessen ökonomischer, sexueller, ideologischer bzw. privat revanchistischer Natur halten diese aus Geschäftemachern und Spekulanten, Schiebern und Betrügern, Drogenabhängigen und Erpressern, Halbweltdamen und Zuhältern zusammengewürfelte Gesellschaft (81 f.) nur künstlich zusammen. Die Situation des „Verhörs", in dem „Swing Troubadour" zur Preisgabe des „prominenten" Résistanceführers „Princesse de Lamballe" gezwungen werden soll, überlagert sogleich programmatisch alle anderen Aktivitäten und verdeutlicht die Inhumanität der Gruppe und die Zerrissenheit des Ichs, das, wie der Leser bald erfahren wird, sich zur Denunziation seiner selbst gezwungen sieht. Denn als „Princesse de Lamballe" befriedigt der Protagonist seine Sehnsucht nach Größe und nach jener heroischen Variante des Untergangs, die ihm als ironisch-verzerrtes Echo die verlorene Unschuld (des Kindes) zurückgeben soll. Der Deckname „Princesse de Lamballe" bezieht sich auf eine historische Figur, eine Freundin der Marie Antoinette, die ihre Loyalität zur Königsfamilie mit dem Tode auf dem Schafott bezahlte. Durch die vermittelnden Zwischenglieder eines Jahrmarktstandes, der die Hinrichtung makaber nachspielt (53), und eines beschlagnahmten Gemäldes hat der Protagonist eine besondere Beziehung zu diesem Namen entwickelt:

> J'ai connu de grands bonheurs esthétiques. Par exemple, devant un Goya représentant l'assassinat de la princesse de Lamballe. Son propriétaire avait cru le préserver en le cachant dans un coffre-fort de la Banque Franco-Serbe, 3, rue du Helder. Il a suffi que je montre ma carte de police pour qu'on me laisse disposer de ce chef d'œuvre (79).

Das Schafott der „Princesse de Lamballe" ist die tragisch-tugendhafte Variante jenes Verbrecherschafotts, das die Mutter dem Protagonisten stets prophezeit hatte.

Wie der Verrat Swing Troubadours am Anfang der Geschichte, so steht die selbstmörderische Rache der Princesse de Lamballe an ihrem Ende. Beide Aktionen bringen Verderben; dem Ich verhelfen sie nur zum verschärften Bewußtsein seiner doppelten Nicht-Zugehörigkeit.

Der Verrat am „Réseau des Chevaliers de l'Ombre" vernichtet überdies eine Gruppe „unschuldiger" junger Idealisten, die dem Protagonisten mit Wärme und Herzlichkeit entgegengekommen waren. Aber ist ihre Humanität wirklich so exemplarisch, wie die Inhumanität der Kollaborateure abstoßend war? Modiano behandelt die Résistance nicht ohne Ironie. Im Heroismus ihrer Mitglieder ist mindestens viel unreife Abenteuerlust, aber auch törichter Männlichkeitswahn verborgen. Der forsche Nationalismus der „Chevaliers"

trägt auch unerfreuliche Züge. Saint-Cyr, die militärische Kader-
schmiede, ist für Modiano beileibe kein positives Gegenbild zum
undurchsichtigen „No-Man's-Land", in dem sich der Protagonist
wohlfühlt (und für das der Beruf des Barkeepers immer wieder als
charakterologische Stilfigur gebraucht wird). Schließlich ist es auch
nicht ohne Ambiguität, daß dem Neuling von den Gralshütern der
nationalen Integrität schon bald die Exekution des „Khédive" befoh-
len wird. Es gibt viele Gründe, in politischen Extremsituationen die
„mains sales" (Sartre) zu rechtfertigen, doch bleibt die Tötung
menschlichen Lebens immer problematisch, und die Art, wie sie hier
geplant und aufgetragen wird, ist nicht dazu angetan, die Résistance
sympathischer erscheinen zu lassen. Kein Wunder, daß für das dem
doppelten Druck ausgesetzte Ich „Khédive" und „lieutenant", die
Anführer der beiden gegnerischen Lager, schließlich gewissermaßen
in einer einzigen Person verschmelzen. In dieser Verschmelzung
wiederholt sich der Prozeß, den der Protagonist in sich selbst auszu-
tragen hat: Swing Troubadour und Princesse de Lamballe sind zwei
Aspekte eines einzigen Menschen, so wie die „Société Intercommerciale" und der „Réseau des Chevaliers de l'Ombre" zwei Gesichter
derselben Nation sind, die einer unerträglichen Zerreißprobe ausge-
setzt ist.
  Die Makrostruktur des Textes, die einen dünnen Rest an „historischer" Chronologie mit einem Wirbel von traumatischen Bewußt-
seinsbildern verschiedener Zeitschichten überblendet, verstärkt den
Eindruck der Gleichzeitigkeit (und Zeitlosigkeit) beider Pseudo-
Identitäten. Sie legen dem Erzähler, der eigentlich unauffällig leben
und den Menschen nicht durch Taten und Ideologien, sondern durch
kleine „rührende" Details definiert sehen wollte, Extremgesten nahe,
mit denen er im Grunde nichts zu schaffen hat und denen auch der
Autor Modiano mit tiefer Skepsis gegenübersteht.
  Gegen diese von außen aufgezwungene Doppelidentität setzt der
Protagonist zwei andere Identitätsprojektionen. Sie heißen Coco
Lacour (in späteren Ausgaben auch: Latour) und Esmeralda und
bilden ein Paar, das in seiner „rührenden" Schwäche ganz und gar
auf die Fürsorglichkeit des Ichs angewiesen ist. Coco Lacour und
Esmeralda mögen ganz junge Leute sein oder Greise: gewiß aber
sind sie nicht Vertreter jener noch in ihren besten Exemplaren has-
senswerten Erwachsenenwelt und ihrer im Brustton der Überzeu-
gung vorgetragenen Postulate („le lieutenant, par exemple, est un
causeur époustouflant", 25). Coco Lacour und Esmeralda haben
nichts zu sagen; die aufreibende Dilemmasituation wird durch sie
zur Idylle. Wollte man mit Céline reden (*D'un Château l'autre*,

1957), dem sich Modiano in Haßliebe schon seit seinem ersten Roman verpflichtet weiß, so könnte man beide am besten dadurch charakterisieren, daß sie nichts „inkarnieren", nichts beanspruchen, nichts symbolisieren, das man mit seinem Blute zu verteidigen hätte. Gerade deshalb wäre der Protagonist allen Denunziationsgelüsten zum Trotz bereit, sie gegen die ganze Welt zu schützen („Quiconque voudra leur faire du mal, aura affaire à moi", 44).

Doch noch im Rahmen der Fiktion muß man sich fragen, ob es Coco Lacour und Esmeralda, Reminiszenzen an eine bürgerliche „vie antérieure" des Protagonisten, „wirklich" gibt, ob sie nicht nur kompensatorische Spiegelungen des über sich selbst weinenden Ichs sind:

> Je suis cet aveugle roux et cette petite fille vulnérable. Excellente occasion de m'attendrir sur moi-même (15).

Das narzißtische Selbstmitleid (das übrigens auch und gerade die Folterknechte bei Modiano an den Tag zu legen pflegen, vgl. u. a. p. 20), überdauert alle anderen Empfindungen, es ist „ehrlich": das macht es zum ebenso ambivalenten wie seltsamerweise oft auch positiven Impuls, denn es erweist sich letzten Endes als die Kraft, durch die Poesie in Bewegung gesetzt wird.

Für einen Existentialismus der Schwäche

Die schwindelerregende Atmosphäre der „ronde" suggeriert Übelkeit, die an Empfindungen in Sartres *Nausée* (1938) erinnert. Gemeinsamer Nährboden von „compassion" und „horreur" ist bei Modiano der Ekel als Gefühl der „Beliebigkeit", der Kontingenz des Existierens. Die Anwesenheit dieses zentralen Sartrethemas läßt sich an Modianos Sprache überprüfen.

Bei Sartre entstand der Ekel zunächst aus der „Mächtigkeit" der Objektwelt, die sich zu verselbständigen und die Transparenz des Bewußtseins zu okkupieren drohte. Statt säuberlich getrennter Seinsbereiche präsentierte sich dem Bewußtsein ein schlammiges Magma, das Sartre als „marmelade" beschrieb.

Ähnlich schildert Modiano die untergehende Welt seiner Kollaborateure:

> Déjà, ils pataugent dans une boue rosâtre et le niveau monte, monte, jusqu'à leurs genoux (35).

Ihr Wagen, in eine unerträgliche Geruchswolke gehüllt, gleitet über „pavés gras" (36), wird von Spritzern beschmutzt, die vielleicht

Blut, vielleicht Schlamm sind, „en tout cas, quelque chose de tiède" (36), Gesichter tauchen ein in „pénombre douce" (37).

Die durch die Dingwelt ausgelöste Übelkeit führte bei Sartre zur Erkenntnis der eigenen Grund- und Wesenlosigkeit. Auch Modianos Ich, zerrieben zwischen den sentimentalen Mördern des Square Cimarosa und den wackeren Widerstandssoldaten des Quartier Vaugirard, gewinnt immer stärker den Eindruck, sich „après des rondes et des rondes, mille et mille allées et venues" (71) im Dunkel der Nacht aufzulösen, alle Reste von Identität zu verlieren, in jeder Hinsicht überflüssig zu sein:

> Je N'EXISTE PAS. Je n'ai jamais eu de carte d'identité (74).

Als „agent double? ou triple?" (74) ist das Ich noch stärker Bewohner eines existentiellen Niemandslandes als der durch seinen sozialen Zwitterstatus gebrandmarkte „bâtard" Sartres (vgl. Oreste in *Les Mouches*, 1943, Hugo in *Les Mains sales*, 1948, Götz in *Le Diable et le Bon Dieu*, 1951).

Auch die Erfahrung der nicht-finalen Zeit, die in Sartres (Tagebuch-)Roman eine zentrale Rolle spielt, ist dem Erzähler bei Modiano vertraut:

> Les jours succédaient aux jours et je les entassais dans le plus grand désordre. De quoi remplir une cinquantaine de valises. Elles dégageaient une odeur aigre-douce qui me donnait la nausée (93).

Gegenstände und Menschen, die im Weichen versinken, fade „douceur" wesenlosen Daseins: diese und viele andere existentialistische Reminiszenzen sind bei Modiano nicht Strandgut angelesener Bildung; man muß sie vielmehr als Teil einer auf verschiedenen Ebenen geführten Auseinandersetzung mit der Existenzphilosophie der vierziger und fünfziger Jahre verstehen. Trotz aller Leugnung vorgegebener Werte, trotz des Leidens am „délaissement" des Daseins hatte der Existentialismus als Freiheitsphilosophie letztlich doch noch einen unverbesserlich optimistischen Idealismus über die Zeitkatastrophen gerettet. Wer etwa Sartres Freiheitsbegriff mit dem Descartes' vergleicht, dessen erste metaphysische Wahrheit („Je pense donc je suis") auch für den Existentialismus des zwanzigsten Jahrhunderts als unverzichtbare ontologische Basis galt, wird erkennen, daß Sartre zwar im Unterschied zu Descartes keine Realität mehr vom Gottesbegriff her deduziert und insofern den Menschen grundlos, kontingent, sich selbst und seinem Dasein überläßt, ihn dafür aber mit einem Freiheitspotential ausstattet, das Descartes nur Gott zuerkannte.

Diesen hypostasierenden Freiheitsbegriff betrachtet Modiano im Nachhinein mit zutiefst desillusionierter Ironie. Seine zentralen Figuren sind stets Menschen ohne festen Standort, ohne deutliche Konturen und, das ist entscheidend, ohne Willen und Fähigkeit zum Engagement der sogenannten Freiheit in situationsangemessene Handlungen hinein (als Ausnahme kann man in etwa *Une Jeunesse*, 1981, ansehen, wo am Ende doch eine Art Setzung seiner selbst durch den jugendlichen Protagonisten erfolgt). Stets schlagen sie sich in einer Mischung aus Komplizität und ineffizienten Vorbehalten mit opponierten Möglichkeiten herum. Sich von widerstreitenden Seiten mitreißen lassend, sind sie ihrer mitleidheischenden Schwäche wegen im Grunde liebenswerte „lâches", die sich nicht zu orientieren vermögen und schließlich zu der Erkenntnis gelangen, daß alle noch so konträren Ideologien und ihre Vertreter sich verbünden, um das hilflose Ich in seiner „douceur" zu vernichten.

Modiano greift damit hinter den Sartreschen Existentialismus zurück auf eine Haltung, die den anarchistischen Empfindungen und Äußerungen des ambivalenten Vorbildes Céline nicht fernsteht, ohne freilich dessen destruktive Virulenz — und damit Vitalität — zu erreichen. Wie Ferdinand Bardamu in *Voyage au bout de la nuit* ist auch der Protagonist in *La Ronde de nuit* charakterisiert durch ein Gemisch aus „Panique (à cause de quoi je commettrai mille lâchetés)" und „Pitié envers mes semblables: si leurs grimaces m'effraient, je les trouve quand même bien émouvants" (46: die Großschreibung der beiden Zentralbegriffe ist aufschlußreich) und manifestiert an sich jene aktiv-passive Widersprüchlichkeit, die Céline auf Bardamu und dessen destruktives alter ego Robinson verteilt. Auch in *Voyage au bout de la nuit* war das eigentliche, wenngleich nicht zur Doktrin erhobene Thema bereits das einer Kontingenz, deren geheimnisvolle Sinnlosigkeit durch die zahlreichen physischen und moralischen „Reisen" demonstriert wurde, vergleichbar den „rondes" Modianos, dessen Titel nicht zufällig auch den Begriff „Nacht" enthält. Alle Versuche, der Nacht zu entkommen, schlagen bei Céline fehl. Bei Sartre hingegen suchen Autor und Figuren trotz aller Absage an die Apriorität eines Lebenssinnes doch weiterhin nach der Möglichkeit sekundärer Essentialisierung durch menschliche Tätigkeit. Bleibt diese Suche in *La Nausée* auch eher utopisch (am Schluß nur wird das literarische Schaffen als bescheidenes und nicht ganz unsuspektes Angebot von Essentialisierung mindestens der vergangenen Existenz in Aussicht genommen), so verfolgt das spätere Sartrewerk einen stärker gesellschaftlich orientierten Weg freiheitlichen Engagements, an dessen Möglichkeiten grundsätzlich nicht gezweifelt wird.

Genau dieser Zweifel aber ist die Basis von Romanwelt und Charakterologie Modianos. Bei Sartre werden Geschichte und Gesellschaft immer mehr zum zwar kritisch geprüften, jedoch ernstgenommenen Feld der Bewährung des einzelnen gemacht. Bei Modiano leistet die Historie genau das Gegenteil: sie ist die permanent nicht bestandene Bewährungsprobe des Menschen; sie ist (in skeptischer Moralistentradition) die Ablösung jener dünnen Schichten, mit denen der Mensch sich eine für „normale" Zeiten vielleicht ausreichende „Identität" geschaffen hatte. Zutage tritt die Wahrheit der mitleidheischenden Mediokrität, der Körperlichkeit (vgl. die vorübergehende „methodische" Reduktion der Widerstandskämpfer auf ihre Ohren), der „bedingten Reflexe".

Schon Jean Cau hatte im Vorwort zu *La Place de l'Etoile* die „fatigue" als Charakteristikum des Protagonisten Raphaël Schlemilovitch erkannt. Dieses Merkmal bleibt nicht auf den schillernden Antihelden des ersten Romans beschränkt. Modiano erkennt und postuliert stets Existenzschwäche als eigentliche Natur der „réalité humaine" (Sartre). Er erfaßt damit eine Wirklichkeitsschicht, die noch vor allem liegt, was von Charakter- und Milieutheorie (etwa des positivistischen Determinismus des 19. Jahrhunderts) beschrieben wird. Modiano konkurriert insofern mit der Freiheitsideologie des atheistischen Existentialismus und setzt sie außer Kraft. In seinem Werk ist die „nausée" nicht nur Durchgangsstadium, nicht nur ontologische Kinderkrankheit: seine Figuren leiden vielmehr ihr Leben lang daran und reduzieren von daher sich und die Welt in ihrer mit-leidenden Imagination ständig auf eine Handvoll Staub (so kommt es, daß selbst Hitler bei Modiano immer wieder die Züge eines hilflosen Säuglings oder einer gebrechlichen Greisin annimmt).

Modianos Protagonisten sind Exempel einer existentialistischen Ethik, die dem idealistischen Gestus normativer Beschwörung entsagt hat und die eigene Bodenlosigkeit ernstnimmt. Der bildspendende Bereich der Musik, der bereits zur Erstellung eines Zeitkolorits und zur Denunziation der Inhumanität herangezogen wurde, liefert, mit beißendem Spott gehandhabt, auch die an Beckett erinnernde Metapher für die Kontingenz des Ichs. Seine „Wesensmelodie" ist „le bruit d'une poubelle que l'on envoie dinguer la nuit dans un terrain vague" (38).

Man würde Modiano mißverstehen, wenn man dem Aufzeigen der Existenzschwäche des Menschen vor allem satirische Absichten unterlegen wollte. Der Autor solidarisiert sich in diskreter Ironie und sanfter Melancholie mit der unaufhebbaren Armseligkeit seiner Figuren, weil sie — vielleicht — die Wahrheit über uns alle offenbaren und wir uns daher nicht von ihnen distanzieren dürfen. Es wäre der schlimmste Verrat, wenn wir die Verräter im Stich lassen würden, als hätten wir (insbesondere wir Deutschen: auch daran ist zu erinnern) das Recht, uns die Hände in Unschuld zu waschen.

III *Remarques didactiques*

Comment analyser le roman

Il convient tout d'abord d'attirer l'attention de l'élève sur la présentation de ce texte : le roman n'est pas divisé en chapitres, mais apparemment ininterrompu. Etant donné cette présentation ne faisant pas reconnaître d'emblée une macrostructure évidente, il importe de faire dresser d'abord un plan, un « canevas » grossier des principales séquences avec leurs points culminants, en se concentrant sur la chronologie de l'*action* proprement dite d'une part et sur les indices permettant de la situer *historiquement,* donc dans la réalité hors fiction, d'autre part. Etant donné l'enchaînement souvent inextricable de réflexions, visions, identifications etc., avec l'action même, il convient par mesure de simplification d'écarter autant que possible l'ensemble de ces phénomènes psychologiques de l'étude présente, ceux-ci n'intervenant pas directement dans la chronologie. Ils feront l'objet de l'étude paradigmatique.

Etude syntagmatique

Le but de cette première approche du contenu est de déterminer la charpente de l'action, faisant apparaître en l'occurrence la relativité et la fictionnalité de cette action au sein de la fiction conventionnelle même du roman. Le « canevas » en question peut être représenté par exemple sous forme du tableau synoptique ci-après :

- p. 7 à p. 12, ligne 12
    Soirée au salon, chez le Khédive
    - Le protagoniste est prié par le Khédive de donner des informations sur Lamballe
    - Le protagoniste trahit le lieutenant.
- p. 12, ligne 13, à p. 16, ligne 17
    Passage au Bois de Boulogne avec Coco Lacour et Esmeralda. Rétrospection
    - Souvenirs d'enfance
    - Mission du protagoniste : doit s'introduire chez les résistants
- p. 16, ligne 18, à p. 24, ligne 18
    Soirée au salon, imminence de l'arrestation du lieutenant
    - Nouvelle demande d'informations sur Lamballe
    - Compte rendu d'une arrestation

A partir d'ici, les paragraphes deviennent de plus en plus longs, le lecteur est entraîné dans un enchaînement ininterrompu de réflexions alternant avec les points culminants de l'action, suite accélérant comme un *crescendo* vers la «catastrophe» qui dénouera l'action. La macrostructure a donc perdu la clarté qui la caractérisait dans la succession des cinq premières séquences, formant la première moitié du récit. Certaines de ces premières séquences se répètent maintenant partiellement : le narrateur reparle de ses premières prises de contact avec ses différents «employeurs» : le Khédive (p. 54), le lieutenant (p. 65 à 68).

Les différentes séquences ci-dessus (notamment les cinq premières), se délimitent aisément par les changements de temps de l'action (= temps grammatical du récit), et de lieu (salon, Bois de Boulogne, etc.), ainsi que par l'alternance des groupes de personnages (collaborateurs / Coco Lacour et Esmeralda / résistants).

Quelles conclusions peut-on tirer de l'aperçu ci-dessus?

La cohérence de l'action, apparemment établie dans les cinq premières séquences, est maintes fois remise en cause dans la suite du récit. La chronologie de l'action n'est donc pas la préoccupation primordiale. En revanche, la polarité des principaux acteurs est facilement reconnaissable : l'étude paradigmatique sera donc axée d'abord sur les différents personnages ou groupes de personnages.

Etude paradigmatique

Il s'agit dès lors de définir la période dans laquelle est situé le roman : ceci nécessite évidemment d'être précisé par un exposé historique préalable faisant ressortir la situation particulière de la France occupée. L'armistice demandé par le gouvernement français suite à la débâcle occasionnée par le *Blitzkrieg* des armées allemandes donne lieu à un gouvernement de collaboration avec le Reich. La France est officiellement donc la «collaboratrice» de l'Allemagne nazie, ce qui suscite la scission de sa population en a) collaborateurs, b) résistants, et c) autres.

Ad a)

Plusieurs niveaux de collaboration apparaissent :

– la collaboration d'Etat, qui sera politico-idéologique et administrative, notamment en ce qui concerne la persécution des juifs, et enfin économique;

– la collaboration idéologique de certains écrivains (notamment A. de Chateaubriant, Drieu la Rochelle, Brasillach) et d'hommes politiques ayant déjà joué un rôle dans l'entre-deux-guerres (Déat, Doriot, Maurras, ...), collaboration allant jusqu'au propre engagement dans la L.V.F. (Légion des Volontaires français contre le bolchevisme, unité spéciale de l'armée allemande qui a combattu sur le front russe vers la fin de la guerre);

– la collaboration «pragmatique» de certains individus au passé louche, aventuriers cherchant à tirer parti des événements et prêtant leur concours zélé aux services de police de l'occupant. Leurs activités empruntent donc un caractère de «police» persécutant les victimes et opposants au nouveau régime, mais aussi «économique» : ces individus servent de médiateurs au Reich, faisant des affaires à partir des réquisitions faites chez leurs victimes. C'est précisément ce groupe qui est illustré dans le roman. Modiano fait souvent allusion dans son œuvre à deux figures notoires de ce type de collaboration, Bonny et Lafont, auxquels le Khédive et Philibert empruntent certains traits : Bonny était détective avant de s'engager dans la collaboration économique, Lafont était un passionné de voitures de luxe et pilotait une Bentley blanche, ce que fait dans le roman le Khédive [Ory 1976 : 262].

Ad b)

Les résistants sont différents groupes actifs ayant répondu à l'appel, lancé de Londres en juin 1940 par le Général de Gaulle, de poursuivre le combat en France et hors de France (notamment dans les colonies d'Afrique du Nord). L'initiative de ces groupes était soit purement personnelle, soit politique ou idéologique. Ils formaient une minorité condamnée à la clandestinité. Ils sont illustrés ici par le groupe entourant le lieutenant. Parallèlement évoluaient d'autres résistants isolés s'étant manifestés par la charité accordée aux persécutés juifs, résistants actifs, militaires alliés, réfugiés politiques etc.

Ad c)

Les « autres », c'est le groupe formé par le gros de la population, les « attentistes », ceux qui, soit par indifférence, soit par paresse, bien entendu aussi par peur, n'entreprennent rien et continuent de vaquer à leurs occupations quotidiennes « comme si de rien n'était ».

Pour étayer un tel exposé historique, consulter Amouroux, Henri : *Les beaux Jours des Collabos. Juin 1941—Juin 1942*, ouvrage qui retrace l'historique de la collaboration en en présentant les différentes formes, et aussi Pascal Ory : *La France allemande. Paroles du Collaborationnisme français (1933—1945)*, ouvrage recensant nombre de citations des figures notoires du collaborationnisme idéologique (écrivains de l'entre-deux-guerres).

On peut situer historiquement l'action du roman, le récit traitant de la collaboration à son apogée, entre 1940 et 1943, de l'armistice et la fondation de l'*Etat français* à la fin du gouvernement vichyssois (démantèlement dû à l'entrée en guerre des Etats-Unis et aux pertes allemandes sur le front russe).

Quant à l'analyse même du roman, les constellations de personnages, étant donné leur dualité évidente, permettent une classification très simple des sujets essentiels : collaboration, résistance, le protagoniste acteur et narrateur. A cela s'ajoutent, liés à la thématique du protagoniste, le titre et sa symbolique, l'image du naufrage du Titanic et la topographie, représentant des points à étudier séparément. La structure thématique manifeste de ce roman étant dans ses grandes lignes facilement reconnaissable, l'initiative du premier pas ci-dessus doit être laissée entièrement à l'élève.

D'une manière générale, chaque personnage doit être défini par ce qu'il est (son identité «réelle« ou «fictive»), et par ce qu'il fait (sa fonctionnalité), son attitude envers les autres personnages (langue, gestes, procédés de style ou typographiques mis en œuvre, emphase, etc.). Cela étant, il convient d'établir les points communs et divergences respectivement de l'«Etre» et du «Faire» des personnages d'un groupe, mais aussi les corrélations existant entre les groupes antagonistes.

Collaboration

Le terme de *collaboration* nécessite une explication : bien qu'il ne soit jamais mentionné dans le texte, il s'impose nécessairement par le contexte historique, évoqué au moyen de nombreuses allusions, telles que la prédilection de certains personnages pour les chansons *allemandes* (cf. les nombreuses citations), les noms Lydia Stahl et Frau Sultana, certaines déclarations ou bribes de paroles évocatrices : p. 10, lignes 15, 17−18. (La mention d'Otto fait allusion à Otto Abetz, ambassadeur d'Allemagne à Paris pendant l'occupation, personne très influente des rapports franco-allemands de l'époque.) Cf. aussi p. 10, lignes 25−26, p. 19, ligne 16 et, p. 43 : «Le fort de Montrouge par un matin de décembre. Le peloton d'exécution. « (Le fort de Montrouge était un lieu d'exécution de collaborationnistes après la Libération.) A noter finalement cette observation du lieutenant, parlant de ses adversaires : «Ils se livrent à une répression odieuse contre les patriotes et les honnêtes gens...» (p. 68, lignes 2−3).

La difficulté de l'interprétation réside certes dans le fait que la réalité historique est suggérée et non évoquée explicitement (voir remarques ci-dessus concernant l'exposé historique) : il est par exemple toujours question des «événements«.

Pour l'étude détaillée, consulter les sujets d'étude. Les remarques ci-après n'ont pour but que de diriger quelque peu l'analyse, en attirant l'attention sur les centres d'intérêt de la thématique, notamment les allusions directes ou indirectes à la réalité historique hors fiction.

Le foyer de la collaboration dans ce roman, c'est le bureau de police dirigé par le Khédive. La raison sociale en est nommée : Société Intercommerciale de Paris-Berlin-Monte-Carlo (allusion à la collaboration économique). Les comptes rendus d'arrestations de résistants témoignent de l'activité de «police» au service de l'occupant, persécutant les opposants au nouveau régime. «Société Intercommerciale» était effectivement le nom donné à plusieurs agences de ce genre dans le Paris occupé [Amouroux 1978:515].

Pour structurer l'analyse, il faudra faire étudier la langue, notamment les verbes, les formules choisies pour s'adresser aux autres personnages (en particulier au protagoniste), la sensibilité, traduite par la façon d'extérioriser des sentiments.

L'identité du Khédive, chef des collaborateurs, est caractérisée par ce pseudonyme, marque de cigarettes égyptiennes qu'il prédilectionne, son nom d'état civil, Henri Normand (p. 54, ligne 9) étant rarement mentionné. Noter la connotation du nom d'état civil : c'est à tout le moins un nom «bien français», qui trahit le souci chez les personnages modianesques d'être bien «ancrés» dans la France, traduisant leur attirance vers le terroir. Ce phénomène fort exploité dans *La Place de l'Etoile* rend compte des idées maréchalistes dans la politique vichyssoise. On retrouve cette connotation dans le nom «Philibert».

Le Khédive se caractérisant lui-même comme rat, il conviendrait de présenter à ce sujet la fable de Jean Anouilh, *Le rat,* permettant de se familiariser avec le language métaphorique propre à ce roman.

Il convient de signaler l'attitude paternelle du Khédive envers le protagoniste. Il se caractérise par son hypocrisie quand il parle de ses adversaires et revendique la moralité pour son côté quand il légitime ses basses actions, voir p. 30, lignes 1 à 3.

Il importera pour Monsieur Philibert d'évoquer le contraste entre son talent de musicien sentimental et la brutalité «professionnelle» (aspect historique, cf. les bourreaux nazis), contraste illustré par la séquence de la valse jouée au piano (*crescendo* et «chute» abrupte à son paroxysme, p. 23).

La distance, dont les deux chefs du groupe des collaborateurs sont pleinement conscients, vis-à-vis de leurs subordonnés, est utilisée à l'égard du protagoniste en guise d'excuse pour leur comportement, voir à ce sujet le dialogue significatif p. 35–36 («braves gens», «noceurs») et, entre autres, la remarque suivante du Khédive : «Ne me confondez pas, s'il vous plaît, avec les personnes qui sont ici... »

(21, lignes 19—20). Ces personnes se caractérisent par leur comportement plus que bizarre : les couples danseurs sont du même sexe, tous semblent « atteints » d'une érotomanie, d'une gloutonnerie gargantuesque et orgiaque, et d'une prodigalité quasi pathologique. L'homoérotisme et en général l'érotomanie commune à l'ensemble du groupe du Khédive est un signe distinctif de sa fonctionnalité et a un caractère métaphorique symptomatique de la collaboration : Emmanuel Berl voit dans la collaboration politique une «... féminité latente, une certaine forme d'homosexualité » [Berl 1976:74]. Sartre aussi constate par exemple chez Chateaubriant, Drieu, Brasillach une « union sexuelle » entre la France et l'Allemagne, de « curieuses métaphores », la France jouant le rôle de la femme : « Et très certainement, la liaison féodale du collaborateur à son maître, a un aspect sexuel. » [Sartre 1949:58]

Cette métaphore, développée dans *La Ronde de nuit*, est par ailleurs appliquée à la passivité des collaborateurs, se laissant mener à la « dérive » (mot revenant maintes fois dans le texte). Cette atmosphère est suggérée en outre par le jeu symbolique et réaliste des couleurs : « L'Heure mauve » par exemple.

Le mauve est la couleur dominante du roman, constituant avec « obscurité » et « pénombre » le qualificatif du monde interlope de la collaboration, fuyant la lumière naturelle du soleil (cf. Violette Morris, les yeux violets de Simone Bouquereau, p. 18).

Le violet est la lumière artificielle propre aux boîtes de nuit. Le mauve ou violet (nuances voisines) est la couleur non primitive entre les couleurs, un mélange, quelque chose de « pas net », une couleur située à l'extrémité du spectre solaire, couleur « marginale », comme la société dont elle est le qualificatif, cf. : « La lumière n'était jamais franche. » (p. 59, ligne 14).

Il faudra cependant attirer l'attention sur l'aspect référentiel de cette couleur : étant donné l'obligation du black-out, elle était utilisée pour tamiser la lumière électrique, afin de compliquer la tâche aux bombardiers ennemis (le black-out est mentionné dans le roman). Elle est donc part de la « couleur locale », de l'atmosphère d'une période historique précise. Enfin, il sera bon de recenser les adjectifs et verbes signalisant la *torpeur* propre au cercle des collaborateurs : « Une humanité assez molle «, « collée «, « Pénombre moite. Des parfums égyptiens flottaient. « (p. 26, lignes 20, 21, 24—25), voir également le leitmotiv du verbe « stagner «.

Les noms bigarrés des différents personnages du groupe, noms fantaisistes à consonance exotique, affublés de titres de noblesse (Jean-Farouk de Méthode), allusions à des modèles littéraires (frères

Chapochnikoff), ou aux couleurs prédominantes du roman (Violette Morris) méritent d'être recensés et explicités. Tous ces personnages forment un ensemble homogène de figures subalternes, accessoires par rapport aux deux chefs. Il conviendra de noter parallèlement le côté marginal de Simone Bouquereau, dont les réactions sont toujours opposées, et l'insistance avec laquelle le narrateur s'attarde sur cette marginale (voir sujets d'étude). Finalement, le commentaire de l'habillement et du fard des femmes (p. 8) se place dans le contexte des noms bigarrés.

D'une manière générale, l'attitude du narrateur, dans les descriptions de ces personnages, est critique, p. ex quand il évoque leur prochaine «...décomposition physique et morale» (p. 59, lignes 20−21; voir également p. 35−36). Cette société prend à ses yeux un caractère démoniaque, associé aux jeux d'*enfants*, provoquant un rire qui fait «trembler» même l'obscurité (p. 12). Cette société est par deux fois qualifiée de «rastaquouérisme» (p. 26, ligne 29; 28, ligne 4). La métaphore des «rats» (p. 14, ligne 28) s'accompagne de celle, générique, de la «peste» (p. 14, ligne 29), faisant allusion à l'allégorisation du national-socialisme, nommé «peste brune», et par ailleurs à *La Peste* de Camus, représentation allégorique de la dictature en général.

La Ronde de nuit fourmille d'allusions littéraires et historiques qui bien entendu font appel à la culture livresque du lecteur, de sorte que leur reconnaissance ne sera certes pas toujours chose évidente, surtout pour les jeunes Allemands. Citons notamment, permi ces allusions, les collaborationnistes notoires Darquier de Pellepoix, Costantini (p. 81, lignes 1, 5), le nom évocateur de Johnny Hess (p. 83, ligne 15), noms qui sont subtilement mélangés aux autres purement fictionnels.

Résistance

D'abord, il importe que l'élève constate la répartition du temps consacré par le narrateur à la description de ce groupe, temps qui s'exprime en séquences ou en pages (voir tableau synoptique au point 1). On remarque que ce groupe − quantitativement du moins − retient moins l'attention du narrateur. En rechercher la ou les raison(s) paraît pour l'instant oisif. Néanmoins, c'est un problème auquel il faudra se consacrer à la fin de l'étude du roman. Une chose est certaine cependant: la part prise par les résistants dans ce récit rend compte de l'état des faits historiques. La collaboration repré-

sente le pouvoir de l'époque, la résistance est une opposition qualifiée à l'époque officiellement de « terroriste », le mouvement clandestin d'une minorité de la population. Le nombre réduit des résistants
dans le roman entérine donc la vérité historique.

Toujours en se basant sur les éléments qui définissent une figure, à
savoir ses gestes, sa manière de s'exprimer etc., on pourra aisément
faire ressortir les parallèles et les différences entre le lieutenant p. ex.
et le Khédive, principaux antagonistes de l'action : le lieutenant se
caractérise par son ton paternel et protecteur à l'égard du protagoniste, parallèlement donc au Khédive. Il convient d'observer le *crescendo* de sa langue et de ses gestes nerveux (p. 25). Par opposition
au Khédive, il ne choisit pas l'hypocrisie, mais une langue franche;
parlant p. ex. de ses ennemis, il ne dit pas « ces messieurs », mais « ces
salauds » (p. 26, ligne 6). Une autre opposition est constituée par
l'intensité des voix chez le Khédive et le lieutenant (p. 65, lignes 1 et
23).

Le parallélisme de la fonctionnalité des deux groupes, revendi-
quant le protagoniste respectivement pour leurs propres fins, est
renforcé par la phrase-clé : « Un beau coup de filet en perspective »,
prononcée par le Khédive et le lieutenant (p. 41, ligne 12; p. 69,
lignes 28−29). L'alcool et la cigarette du condamné sont également
un trait d'union entre les deux groupes antagonistes.

L'analyse des origines socio-professionnelles des résistants, asso-
ciée à leur comportement (gestes, expressions typiques) permet de
dégager l'attitude critique du narrateur (voir p. 65−66 : on a l'impression d'avoir affaire à des boy-scouts, voir aussi les « regards
limpides » et « Poignées de mains franches », p. 71, ligne 6). Le nom
de ce groupe est également à voir sous cet aspect : « Réseau des
Chevaliers de l'Ombre » est révélateur d'une mentalité « chevaleres-
que » et, partant, d'un idéalisme petit-bourgeois que le protagoniste
ne prend pas au sérieux : « Je les écoutais divaguer » (p. 72, ligne 18).
(« Ombre » fait allusion à la clandestinité.)

Là aussi, les couleurs ont leur rôle symbolique : malgré la clandestinité évoquée dans le nom de ce groupe, il prédilectionne le plein
jour, voire même les places publiques pour ses rendez-vous. Le
rendez-vous devant la statue de Jeanne d'Arc (p. 66, ligne 22) évoque
le donquichottisme manifeste de ce groupe.[1]

Le protagoniste, acteur et narrateur

Il convient de scinder l'analyse de ce personnage en deux sujets :

— premièrement, le protagoniste en tant qu'agent double et la thématique du traître,

— deuxièmement, le protagoniste dans sa fonction de narrateur prenant ses distances par rapport à l'action même : un « chroniqueur » de la collaboration.

Le protagoniste agent double

Là encore, les couleurs sont prédominantes. Le mauve provoque la nausée du protagoniste, ce qui rappelle Antoine Roquentin, protagoniste de *La Nausée*, de Sartre, qui a la nausée à la vue des bretelles mauves du barman. Cette couleur est à voir, au même titre que la lumière tamisée, en relation avec l'atmosphère étouffante du salon : le narrateur saisit chaque occasion pour aller sur le balcon respirer l'air « pur ».

Il importe donc de signaler cette ambiance sartresque accentuée : les autres « s'agglutinaient » au protagoniste, « comme des mouches » (p. 29, ligne 27). Cette ambiance ne se caractérise pas seulement par ces détails, procédant du pastiche, mais par toute la mentalité de ce personnage. L'influence sartresque de la nausée, du remords, nécessite évidemment d'être illustrée par un commentaire sur l'influence de l'existentialisme (Sartre) et de la philosophie de l'absurde (Camus) sur la littérature et la pensée française des dernières décennies, et notamment par une présentation de *La Nausée* et des *Mouches*, qui ont inspiré Modiano dans ce roman. Le drame mythologique *Les Mouches*, créé sur la scène du Paris occupé en 1943, est une audacieuse allégorie de l'occupation, de la collaboration et de la trahison, jouée devant la haute volée des dirigeants nazis ! Quant à l'influence camusienne de *L'Etranger*, elle est reconnaissable notamment dans la sensibilité sensorielle du protagoniste. Les deux sont subtilement imbriquées l'une à l'autre, dans une parfaite tradition existentialiste, dans les descriptions du malaise. Des éléments tels que sa « fatigue », qu'il invoque comme argument motivant sa fonctionnalité (p. 27, lignes 30—32), l'importance qu'il attribue à la contingence, au hasard : « On en fait des héros. Ou des salauds. » (p. 58, lignes 8—9) sa passivité, son obsession des « ... papillons bleus... » (p. 27, ligne 29) ou « ... essaims de mouches bleues... » (p. 25, lignes 21—22), sa puérilité manifestement thématisée (voir l'image de l'enfant dans le «noir», oubliant le «soleil» p. 52 : encore une fois le symbolisme des couleurs), et finalement sa «PEUR» (p. 69, ligne 19), sont autant d'allusions à la tradition existentialiste. La synesthésie «... essaims de mouches bleues...», image visuelle caractérisant le flux de paroles de ses interlocuteurs, devra en tout cas être analysée. (Elle rappelle la technique narrative de Camus dans *L'Etranger*.) Quant au «noir», un certain nombre de livres sur l'occupation reprennent ce symbolisme (l'occupation est caractérisée par les historiens comme étant la période la plus noire, la plus sombre de l'histoire de France) : J. Guéhenno, *Journal des Années Noires* (1946); J. Kessel, *L'Armée des Ombres* (1943); M. Fresnay, *La Nuit finira*.

Le malaise, la nausée sont aussi provoqués par la fixation des pensées sur les parties les plus laides du corps de la personne trahie (les oreilles) : subterfuge devant faciliter la trahison (p. 11), et son inversion : «... le pathétique, moi, je le trouve dans les chaussures» (p. 15, ligne 22), façon de se souvenir de la personne trahie (p. 15).

La trahison est le centre des préoccupations de ce jeune homme : sa lecture préférée est l'*Anthologie des traîtres, d'Alcibiade au capitaine Dreyfus* (p. 8, lignes 19−20). Lui-même est inactif : considérez dans la première séquence du roman la façon de rendre ses pensées sous forme de monologue intérieur traduit par un «on» anonyme permettant la fuite devant la propre responsabilité. Sa particularité existentielle est qu'il thématise lui-même sa non-existence au sein même de la fiction : «JE N'EXISTE PAS. Je n'ai jamais eu de carte d'identité.» (p. 74, lignes 23−24). Il déclare ne posséder qu'un passeport Nansen : son apatridie symbolise le fait qu'il n'a pas de place dans la société; il n'est intégré dans aucun camp, cf. l'image du papillon affolé allant de l'un à l'autre (p. 46, ligne 20). Son côté dandy, représentant une compensation, de même que son ascendance − il est le fils du banquier Stavisky, personnage historique qui, impliqué dans un scandale, se suicida − devront être signalés.

On notera par ailleurs l'habitude du protagoniste de concentrer ses souvenirs sur des détails, par exemple le stylo, le mouchoir d'une victime, ainsi que ses traces de sang sur le tapis (p. 89, ligne 15). Par comparaison avec les autres personnages, il insiste sur son «... extrême modestie...» se traduisant par ses costumes aux «couleurs neutres» (p. 53, lignes 31−32), ce qui est à voir en relation avec sa faiblesse existentielle.

La séquence p. 30 à 34 (chanson «Nur nicht aus Liebe weinen») prend une place centrale dans la définition du protagoniste et devra donc être analysée en conséquence. Au fil de la chanson, le narrateur laisse libre cours à ses réflexions. Les images du manège, de la ronde (cf. le titre du roman) deviennent un *crescendo* qui aboutit au malaise. Le « vous » prête matière à discussion sur la trahison et sa motivation. Ainsi, ce « vous » peut par exemple traduire une tentative d'identification avec le lecteur et par là même constituer la fuite dans une responsabilité commune. Le vers « Als ihr bleicher Leib im Wasser... » (p. 33, ligne 19) rappelle la description du supplice de la baignoire (p. 13, ligne 23) et est à considérer sous le même angle.

La trahison — et c'est là qu'apparaît la rupture avec la philosophie activiste et positive qu'est l'existentialisme — se réduit chez le protagoniste à une faiblesse humaine qui se manifeste dans une remarque comme la suivante, concernant le lieutenant : « Son regard bleu et droit m'exaspère. Il appartient à la race encombrante des héros. » (p. 45, lignes 5−6).

L'étude syntagmatique a fait apparaître la symétrie des deux actes du protagoniste, ne permettant pas de faire pencher la balance de la décision pour l'un ou l'autre des deux camps, la chronologie étant systématiquement continuellement remise en cause (penser à la description souvent ironique et complaisante des résistants). La fuite et l'essai de supprimer le Khédive étant relatés à la fin, ceci laisse quand même présumer le choix du camp de la morale. Finalement, le protagoniste met en œuvre une véritable intrigue, se servant de la technique de retardement consistant à différer l'arrestation des résistants, de même qu'à inoffenser leur comportement, le réduisant à un pur idéalisme de jeunesse (p. 77) et à glorifier l'énigmatique Lamballe. Mais ceci est remis en cause à son tour à la fin du roman (voir p. 95, lignes 22 à 24).

Les protégés

L'analyse du protagoniste, avec son attitude envers ses employeurs, doit se consacrer également aux deux figures énigmatiques Coco Lacour et Esmeralda, ses « protégés », personnages fictifs au sein de la fiction même, dont la fonction est primordiale et devra être déterminée : pures projections de son imagination, ces personnages sont révélateurs de la solitude du protagoniste, cf. « Sans eux, je serais bien seul. » (p. 15, ligne 27), protégés-protecteurs auxquels il s'identifie. Son désir de les quitter, associé à la vision du supplice de la baignoire (p. 13, ligne 23), est un symptôme de l'ambivalence du protagoniste, de sa perpétuelle incertitude sur sa personne.

Le problème des allusions a déjà été évoqué précédemment. L'évocation de Petiot notamment nécessite de donner quelques détails sur cet agent double, personnage ayant travaillé pour la Résistance et la Gestapo [cf. Jullian 1980], qui constitue donc un modèle historique du protagoniste fictif. (Parallèlement à Petiot, le protagoniste s'identifie à Landru, notoire criminel.) Une autre allusion au contexte historique est constituée par la requête, adressée par le protagoniste à sa mère, de ne pas lire les attaques de journalistes le concernant : il nomme Madeleine Jacob, qui avait poursuivi de ses articles Drieu La Rochelle [Berl 1976 : 131]. Les évocations de Hitler et de Judas sont certes plus évidentes : Hitler, ramené à un enfant, puis à un chien (p. 61, ligne 23; p. 79, ligne 24), prend l'aspect d'un personnage fantoche et inoffensif, est réduit à l'expression même de la faiblesse, et se place ainsi au même niveau, vis-à-vis du protagoniste, que ses deux protégés fictifs. Judas par contre est un modèle, le traître pour ainsi dire «sublimé» : «Il fallait beaucoup d'humilité et de courage pour prendre à son compte toute l'ignominie des hommes.» (p. 61, lignes 6−8). Les identifications avec Pétain et le roi Lear (p. 88, lignes 27, 29) devront être bien sûr aussi mentionnées et interprétées. La tasse de verveine, mentionnée dans la liste des «bagages» du protagoniste, est une allusion à Proust et la «Recherche du temps perdu». Reste le souhait de devenir BARMAN (sic) (p. 74, ligne 9), le rôle du confesseur au-delà du bien et du mal, auquel même Hitler vient demander pardon.[2]

L'identification avec M. de Bel-Respiro est commune au protagoniste et au Khédive, ces deux personnages en quête d'identité recherchant la représentation des valeurs bourgeoises de la société française. Le nom même devra être considéré quant à ses caractéristiques morphologique et sémantique. Le plagiat, bien connu du lecteur de *La Place de l'Etoile*, du vers de Verlaine «Dis, qu'as-tu fait [...] de ta jeunesse» (p. 40, ligne 15; v. aussi p. 93, ligne 17) est à voir dans la même optique que le «tu» (p. 13) et le «vous» (p. 31 à 34).

Topographie

Toutes les actions du protagoniste, ses rencontres, ses réflexions, sont associées à des lieux précis qu'il est aisé de repérer sur un guide de Paris. Ainsi qu'il a été constaté dans l'étude syntagmatique, ces lieux servent donc de marques permettant de reconnaître dans chaque cas particulier à quel groupe de personnages le protagoniste est confronté. Les lieux historiques et actuels sont autant de repères balisant son itinéraire. Il conviendra par conséquent d'en dresser la liste et d'analyser leur fonction respective : *les Champs Elysées*, séjour des ombres (p. 55, ligne 30), *les Halles*, lieu de cauchemar des abattoirs parisiens (p. 36) avec l'allusion au roman de Zola *Le ventre de Paris* (ibid.), quartier sale et peu ragoûtant qui marque la fin de sa carrière (p. 38, lignes 19—20). *L'Avenue Kléber* marque la transition entre les lieux étouffants de la collaboration (quartier de *la place de l'Etoile*) et *le Bois de Boulogne,* oasis de repos. *Le Bois de Boulogne* symbolise l'enfance, et le milieu de sa vie est localisé sur *la place de l'Etoile,* le changement des lieux marquant son évolution :

> Les années passent, tu longes l'avenue Henri-Martin et tu te retrouves au Trocadéro. Ensuite place de l'Etoile (p. 38, lignes 23—25)

En repérant ces différents lieux sur le guide de Paris, on notera la position carrefour de *la place des Pyramides* dans l'itinéraire du protagoniste (p. 67, ligne 7).

Le titre

Le tableau de Rembrandt, *La Ronde de nuit (Die Nachtwache),* devra être consulté : tel l'enfant passif regardant passer le cortège dans la nuit sombre et inquiétante, le protagoniste se voit entraîné dans une ronde musicale (Reigen) et hallucinatoire, voire cauchemardeuse, livré à ses adversaires comme un enfant faible. Le terme de ronde sera donc précisé à partir de ses différentes évocations dans le texte, mais aussi de la signification hors-texte du terme.

Le naufrage du Titanic

Nombre d'évocations du Titanic, d'Atlantide (p. 47, ligne 28; p. 60, ligne 15), d'un Paris sombrant tel un paquebot géant, les visions de noyés (p. 48, ligne 6), sont autant de signes avant-coureurs de la fin apocalyptique des années folles des collaborationnistes dans le Paris occupé, images qui devront être répertoriées, puis analysées dans cette optique. L'idée de déclin, de *décadence,* s'associe à l'*inconsistance* des objets, à l'évocation de « boue rosâtre » (p. 35, ligne 17) ou de sang, qui sait?, en tout cas d'un liquide ou d'une masse tiède indéfinissable (p. 36, ligne 24), dans laquelle « ... ils pataugent » (p. 35, ligne 16), rappelle aussi la vision existentialiste d'Antoine

Roquentin, héros de *La Nausée,* amené par cette vision à la découverte de la contingence (la ville imaginaire de l'action de ce roman a pour nom Bouville).

Le protagoniste narrateur et chroniqueur

L'idée de décadence, liée à la notion du temps, à savoir du temps historique, amènera le lecteur à s'interroger sur la problématique du temps et de son unité dans ce roman. Manifestement, l'interprétation se heurtera à la dualité du temps de la narration : un jeune homme se « souvient » d'une époque *passée,* qu'il n'a, qui plus est, *pas vécue.* Son âge, à travers les « temps » du roman, reste une constante. Néanmoins, il veut être pris au sérieux dans sa fonction de chroniqueur, cf. : « Il faut bien que je donne ces détails puisque tout le monde les a oubliés. » (p. 49, lignes 15−16), et surtout p. 84, lignes 8−9) où il insiste sur son souci de dire la vérité.

Qui est ce narrateur ? *Qui* est le « on » de la première séquence ? *Qui* raconte en fin de compte le roman ? Le problème de son identité, le dilemme poétique d'un jeune homme parlant après sa mort, peut être rapproché de *L'Etranger* de Camus, quoique la vraisemblance, si relative soit-elle, de la narration dans *L'Etranger* reste un tant soit peu plausible, car le narrateur-protagoniste reste une unité vivant sur un même niveau de temps, et ayant la « possibilité » de revivre les mois passés et de tout fixer par écrit dans sa cellule, possibilité laissée ouverte dans le roman.

Il conviendra en l'occurrence de tirer les conclusions utiles quant à la fictionnalisation de la fiction : on retrouvera là une certaine affinité avec le surréalisme, même le film en général. Cette structure complexe est ici l'expression de la recherche vaine de la propre identité, problème illustré par l'aveu final du protagoniste, parlant de son éventuel « biographe » : « Il ne comprendra rien à cette histoire. Moi non plus. Nous sommes quittes. » (p. 98, lignes 1−2).

Le « Je » faible, balançant éternellement dans ses décisions, d'un extrême à l'autre, est donc une *unité* inébranlable, transcendant la contingence de ses actes : c'est là la fonction « moraliste » de l'auteur implicite Modiano, d'où la nécessité, pour lui, de ne pas laisser tomber l'histoire dans l'oubli. L'intention du roman devra être étudiée sous cet angle de vue, en en soulignant le caractère manifestement autobiographique (voir notamment *Livret de Famille*). La *dialectique du choix,* exprimée par l'auteur, rejoint l'ontologie au niveau du dilemme de la génération de l'après-guerre, n'ayant pas été placée dans cette situation cruciale, et essayant d'autre part de définir la culpabilité des collaborationnistes. C'est la recherche de l'identité d'une jeunesse *issue* de l'époque trouble de l'occupation, et qui ainsi — selon Modiano — ne peut pas se dérober aux problèmes que cette époque soulève encore aujourd'hui. Cf. ces observations de Patrick Modiano :

> … l'Occupation ? Sans cette époque, sans les recontres hasardeuses et contradictoires qu'elle provoquait, je ne serais jamais né. (*Livret de famille* 1977 : 173)

> Comme tous les gens qui n'ont ni terroir ni racines, je suis obsédé par ma préhistoire. Et ma préhistoire, c'est la période trouble et honteuse de l'Occupation : j'ai toujours eu le sentiment, pour d'obscures raisons d'ordre familial, que j'étais né de ce cauchemar. (Ezine 1981 : 22)

> … j'écris pour savoir qui je suis, pour me trouver une identité. (Ezine 1981 : 22)

L'envers du problème est que cette génération n'a précisément pas vécu cette époque, qu'elle est obligée de «s'accrocher» aux témoignages, sous toutes leurs formes possibles : «On n'interrogera jamais assez les gens de cette génération.» (Berl 1976 : 133)

> Parfois la nuit … je me pose cette terrible question … si j'avais vécu en quarante … moi Modiano ? … Qu'est-ce que j'aurais fait ? … Je crois bien … franchement … que j'aurais été un salaud … Enfin, j'aurais d'abord été un salaud … et puis, j'aurais changé … après … comme les autres … j'aurais fini … non pas en héros … mais en martyr … Franchement, je le crois ! Ça m'obsède … (Pivot 1968 : 16)

C'est alors qu'il convient de traiter la délicate question de la «supériorité» qu'a ce genre littéraire par rapport à l'énumération des faits que donne un pur document historique. Une discussion pourra être lancée sur le problème de la réception. On considérera pour ce faire la langue de Patrick Modiano, sensible et émotive, sa syntaxe «brisée», la suggestivité du milieu où évolue le narrateur, les leitmotive du roman et leur fonction.[3] Cf. aussi Francine de Martinoir, évoquant dans un article sur Patrick Modiano l'assertion d'Adorno sur la difficulté d'écrire après Auschwitz «comme si de rien n'était» (de Martinoir 1978).

---

1 A noter que Jeanne d'Arc était un «modèle» pour la résistance, cf. le poème d'Aragon, *Richard II Quarante*, dans *Le Crève-Cœur*.

2 Ce rôle de barman rappelle du reste la «confession» de Clamence dans *La Chute*, de Camus.

3 On remarquera d'un manière générale la place importante attribuée aux sens visuels et olfactifs, faisant de ce roman particulièrement suggestif une œuvre à mi-chemin entre le roman traditionnel et le film, médium dont s'est déjà servi Modiano, notamment en écrivant le scénario du film de Louis Malle, *Lacombe Lucien*.

IV Questionnaire/Sujets d'étude

Etude syntagmatique

1. Dresser un canevas grossier de l'action du roman, c'est-à-dire
   énumérer les principales séquences déterminant l'action proprement dite (se limiter à la pure chronologie de l'action). Pour ce
   faire, dresser par exemple un tableau sous la forme ci-après :
   1. p. ... à p. ..., ligne ... Séquence (dénomination brève)
      – (point(s) culminant(s) de cette séquence)
   2. etc.

2. Quelles conclusions s'imposent quant à la chronologie, quant à la
   réalité de l'action ? quant à la réalité historique dans laquelle se
   situe le roman ?

3. Analyser la technique narrative. Combien de temps (mesuré p. ex.
   en pages) le narrateur consacre-t-il à l'action proprement dite, aux
   réflexions et autres phénomènes psychologiques ?

Etude paradigmatique

Considérations d'ordre général :

4. Quels sont les grands sujets du roman ? Pour ce faire, prendre
   pour base les différents personnages et les classer selon leur fonction. Considérer pour cela le contexte historique du roman : quel
   nom générique peut être donné aux personnages ou groupes de
   personnages, caractérisant leur fonction respective ?

5. Pour analyser les différents personnages ou groupes de personna-
   ges, appliquer le schéma général suivant :
   – Dénomination : quels enseignements permet-elle de tirer ?
     Pour les personnages : nom, pseudonyme, connotations évo-
     quées. Considérer notamment la configuration des noms pro-
     pres, leur consonance et autres caractéristiques. Quels
     enseignements peut-on en tirer ?
   – Origine sociale, fonction sociale actuelle, fonction au sein de
     l'action.
   – Langue : comment parle le personnage
     a) d'une manière générale : particularités du vocabulaire
        employé, expressions types, mais aussi intensité de la voix ?

b) *aux* autres personnages : comment s'adresse-t-il à ses interlocuteurs ?

c) *des* autres personnages : quels jugements porte-t-il par sa façon d'en parler ?

- Que révèle son langage sur sa fonction, ses origines, sa personnalité ?

- Gestes, comportement, habillement, caractéristiques de la physionomie (mêmes questions que pour la langue). Relever les qualificatifs de *couleur*, jouant un rôle prédominant dans ce roman, permettant de cataloguer les personnages.

- «Accessoires» : quels sont les objets éventuels caractérisant la personnalité ?

- Quelle est l'attitude du narrateur à l'égard du personnage concerné ? Que trahit-elle sur son opinion personnelle ?

Collaboration

6. Qu'évoquent les noms des différents collaborateurs ? Que penser de leurs enfantillages : jeux et chansons d'enfants (p. 12, 16, 17) ?

7. A quoi reconnaît-on leur fonction sur le plan historique ?

8. Relever les verbes et adjectifs caractérisant leur comportement.

9. Analyser le rôle de Simone Bouquereau. Quelle est l'intentionnalité de cette figure ?

Résistance

10. Qu'évoquent les noms des personnages, de leurs lieux de rencontre privilégiés, leur attitude générale (comportement, mentalité, idées philosophiques ou éthiques) ?

11. Quelles sont les parallèles et divergences fondamentales entre les deux groupes ?

12. Comparer quantitativement l'importance des deux groupes antagonistes «collaboration» et «résistance». Quelle explication peut-on y trouver (intrinsèque au roman, historique) ?

13. Le problème de l'identité : comment cette complexité est-elle relatée ?

La trahison : étudier comment cette thématique est mise en évidence. Relever les images employées par le protagoniste pour expliquer son malaise et son remords : analyser pour ce faire la séquence où l'un des frères Chapochnikoff chante « Nur nicht aus Liebe weinen » (p. 30−34) :

— Qu'évoquent l'image du manège, les interruptions des vers par des réflexions ? (Rapprocher cette séquence du titre du roman)

— Que suggère le vers « ... Als ihr bleicher Leib im Wasser ... » (p. 33, ligne 19), le rapprocher de la description du supplice de la baignoire (p. 13, ligne 23).

Par quoi se caractérise le protagoniste dans ses relations avec autrui ?

— Expliquer le qualificatif de « donneuse » (p. 57, ligne 5) et ses connotations, l'expression « Girouette. Pantin » (p. 77, ligne 10 ; p. 70, ligne 8), l'identification avec l'existence d'une prostituée (p. 40, ligne 24).

— Qui est la Princesse de Lamballe ? Que permet de conclure ce pseudonyme (cf. p. 77−78) ?

Analyser le mécanisme psychologique de la trahison, cf. p. 11 : comment expliquer la fixation sur une partie laide du corps ? Qu'évoquent les « on » ?

Trahison ? Intrigue ? Que faut-il conclure quant à l'engagement du protagoniste (p. 77) ? Analyser sa tactique (ibid.). A-t-il une préférence pour l'un des deux camps ?

14. L'attitude protectrice

— Qui sont les protégés du protagoniste, quelle est leur importance, leur « contenu » (voir notamment p. 44−45, de quelle façon ils se manifestent et participent à l'action) ? Quelle est l'attitude du protagoniste à leur égard ? En dégager l'ambivalence (notamment p. 15−16).

— Analyser la fonction de la mère, dans la psychologie du protagoniste (p. 29, lignes 22−24 ; 54, lignes 15−18 ; 55, lignes 13−14 ; 57, lignes 17−18 ; 62, lignes 11−12 ; 97, lignes 13−14), celle du père (p. 86, 97) : que peut-on déduire de ses espérances concernant la carrière de son fils? Que penser de l'identité donnée au père (Stavisky), quelle en est la fonction pour le roman?

— Hitler et Judas (notamment p. 44, ligne 7; p. 61, ligne 22 et p. 79, ligne 23).

15. Quel est le rôle du médecin (p. 58, lignes 16−19; p. 59, ligne 10; p. 88−89, et surtout p. 38, lignes 10−13)?

16. Analyser la fonction du souhait de devenir barman (p. 74, ligne 4).

17. Analyser la vision du naufrage de Paris (p. 47, 48, 60−61), rapprochée du naufrage du Titanic. Quelle impression évoque cette vision? Quelles en sont les implications sur le plan historique?

18 Dresser une liste des personnages «historiques», littéraires ou purement imaginés auxquels s'identifie le protagoniste. Quelle est leur fonction? Quelles sont p. ex. les caractéristiques de M. de Bel-Respiro? Qu'évoquent ce nom et sa fonction? Qu'est-ce que le fait d'habiter dans sa maison, de posséder ses papiers, procure au protagoniste?

19. Topographie de la collaboration : analyser la fonction des lieux réels du Paris occupé dans la vie du protagoniste. (Pour bien déterminer la fonction de ces lieux, consulter un guide de Paris.)

La thématisation du titre

20. Consulter le tableau de Rembrandt : qu'évoque ce tableau, où est le point commun avec le roman?

Rechercher dans un dictionnaire la définition du terme «ronde». Consulter les différentes thématisations du titre (p. 14, ligne 24; 44, ligne 4; 52, ligne 24; 70, ligne 27; 71, ligne 2). Quelle en est la signification pour le roman?

Le narrateur et l'intention du roman

21. Analyser maintenant ce protagoniste dans sa fonction de narrateur, de chroniqueur (p. 70, 84). Quelle est son intention, d'après ses déclarations? Comparer avec sa déclaration p. 97, lignes 30 à 32, et p. 98, lignes 1 et 2.

22. Analyser les variantes du narrateur : le « on » de la 1ère séquence, le « tu » de la 2e séquence, et leur intentionnalité. Où réside le problème de la cohérence de cette personnalité narrative (voir les enseignements tirés de l'étude syntagmatique) ?

23. Quelle conclusion s'impose quant à la cohérence au sein de la fiction même du roman ?
    Quelle est finalement l'intentionnalité de ce « je », qui survit « éternellement » à sa propre mort, qui reste « éternellement » jeune ?

24. Ce livre, par sa fictionnalité en tant que roman, n'est certes pas comparable, quant à son contenu d'informations, à une étude historique spécifique. Ici se pose la question du choix du « médium » : Que peut-on donc conclure de ce roman : quelle en est l'intentionnalité
    a) au niveau historique ?
    b) au niveau « humain », ontologique ?
    Quelle relation existe-t-il entre ces deux niveaux ?

V Zusatzmaterialien

1. Texte von Patrick Modiano

1.2 Johnny

A Paris, cet été-là, il faisait beau et Johnny avait eu vingt-deux ans. Son vrai prénom était Kurt mais depuis l'adolescence, on l'appelait Johnny parce qu'il ressemblait à Johnny Weissmuller et qu'il admirait ce sportif et cette vedette de cinéma. Johnny était surtout doué pour le ski qu'il avait appris avec les moniteurs de San-Anton quand sa grand-mère et lui vivaient encore en Autriche. Il voulait devenir un skieur professionnel.

Il avait même cru qu'il marchait sur les traces de Weissmuller le jour où on lui proposa un rôle de figuration dans un film de montagne. Quelque temps après le tournage, sa grand-mère et lui avaient dû quitter l'Autriche, à cause de l'Anschluss.

Et chaque soir vers huit heures et demie, il descendait du métro à «Passy». On avait l'impression d'arriver dans la petite gare d'une station thermale ou au terminus d'un funiculaire. Par les escaliers, Johnny gagnait l'un des immeubles en contrebas, proches du square de l'Alboni, dans cette zone de Passy qui évoque Monte-Carlo.

Au dernier étage de l'un de ces immeubles, habitait une femme de quinze ans son aînée, une certaine Arlette d'Alwyn dont il avait fait la connaissance à la terasse d'un café de l'avenue Delessert au mois d'avril de cette année.

Elle lui expliqua qu'elle était mariée à un officier aviateur dont elle n'avait plus de nouvelles depuis le début de la guerre. Elle pensait qu'il était en Syrie ou à Londres. Sur la table de nuit il remarqua la photo encadrée de cuir d'un bel homme brun aux moustaches fines qui portait une combinaison d'aviateur, mais cette photo semblait une photo de cinéma. Et pourquoi son nom seul : Arlette d'Alwyn, était-il gravé sur une plaque de cuivre, à la porte de l'appartement ?

Il avait fini par ne plus se poser de questions. Elle lui confia une clé de son appartement, et souvent, le soir, quand il entrait, elle était allongée sur le divan du salon, nue dans un peignoir, à écouter le même disque, un concerto de Rachmaninov. Et elle laissait le disque tourner des heures car le pick-up, de marque américaine, avait un bras automatique.

C'était une blonde aux yeux verts et à la peau très douce et bien qu'elle eût quinze ans de plus que lui, elle paraissait aussi jeune que

Johnny, avec quelque chose de rêveur et de vaporeux. Mais elle avait du tempérament.

Elle lui donnait toujours rendez-vous chez elle vers huit heures du soir. Elle n'était pas libre pendant la journée et il devait quitter l'appartement très tôt le matin. Il tentait de savoir ce qu'elle faisait en son absence mais elle éludait ses questions. Un soir, il était arrivé quelques instants avant elle et il avait fouillé au hasard le tiroir d'une commode. Il y trouva un reçu du crédit municipal de la rue Pierre-Charron et apprit ainsi qu'elle avait mis en gage une bague, des boucles d'oreilles et un clip. Et pour la première fois, il sentit un léger parfum de naufrage dans cet appartement. Etait-ce l'odeur opiacée qui flottait toujours, ou cela venait-il des meubles, du pick-up, des étagères vides ou de la photo du prétendu aviateur, entourée de cuir?

Pour lui aussi la situation devenait difficile. Il n'avait pas quitté Paris depuis deux ans, depuis ce mois de mai quarante où il avait accompagné sa grand-mère à Saint-Nazaire. Elle avait pris le dernier bateau à destination des États-Unis en essayant de le persuader de venir avec elle. Les visas étaient bons. Il lui avait dit qu'il préférait rester en France et qu'il ne risquait rien. Avant qu'elle s'embarquât, ils s'étaient assis tous les deux sur l'un des bancs du petit square, près du quai.

A Paris, il avait rôdé autour des studios de cinéma en cherchant un emploi de figurant mais il fallait une carte professionnelle et on la refusait aux Juifs, à plus forte raison aux Juifs étrangers comme lui. Il était allé voir au Racing-Club si l'on avait besoin d'un professeur de tennis ou de natation ou même d'un professeur de gymnastique. Peine perdue. Alors il avait projeté de passer l'hiver dans une station de ski où il pourrait peut-être trouver un poste de moniteur. Mais comment gagner la zone libre?

Grâce à une petite annonce, il avait réussi à se faire embaucher en qualité de mannequin pour les chapeaux Morreton. Il posait dans un studio du boulevard Delessert et ce fut à la sortie de ce lieu de travail qu'il rencontra Arlette d'Alwyn. On le photographiait de face, de profil, de trois quarts, coiffé chaque fois d'un chapeau Morreton différent de forme ou de couleur. Un tel travail exige ce que le photographe appelait une « gueule » car le chapeau accentue les défauts du visage. Il faut avoir le nez droit, le menton bien dessiné, et surtout une belle arcade sourcilière. Cela avait duré un mois et on l'avait congédié.

Alors il vendit un par un les meubles du petit appartement qu'il avait habité avec sa grand-mère, avenue du Général-Balfourier. Il passait par des moments de cafard et d'inquiétude. On ne pouvait rien faire dans cette ville. On y était piégé. Au fond, il aurait dû partir pour l'Amérique.

Les premiers temps, pour garder le moral, il avait décidé de se plier à une discipline sportive, comme il avait toujours aimé le faire. Chaque matin, il se rendait à la piscine Deligny et nageait sur une distance de mille mètres. Mais bientôt, il se sentit si seul parmi ces femmes et ces hommes indifférents qui prenaient des bains de soleil qu'il renonça à la piscine Deligny. Il était prostré dans l'appartement minuscule et vide de l'avenue du Général-Balfourier et quand huit heures sonnaient, il allait retrouver Arlette d'Alwyn.

Pourquoi, certains soirs, retardait-il cet instant? Il serait volontiers demeuré tout seul dans l'appartement aux volets fermés. Il se sentait incapable de parler à quelqu'un. Une fois, il n'avait pas eu la force de quitter l'avenue du Général-Balfourier. Le lendemain soir, il s'était présenté chez elle, hirsute, sans s'être rasé, et elle lui avait dit qu'elle avait été inquiète et qu'un jeune homme beau et distingué comme lui ne devait jamais se négliger.

Mais d'autres fois, l'air était si chaud et la nuit si claire qu'ils laissaient les fenêtres ouvertes. Ils disposaient les coussins de velours du divan sur la petite terrasse et ils y restaient très tard. Au dernier étage d'un immeuble voisin, il y avait une terrasse comme la leur où se tenaient quelques personnes dont ils entendaient les rires.

Ils faisaient des projets. Johnny caressait toujours son idée de sports d'hiver. Arlette d'Alwyn connaissait très peu la montagne. Elle était allée une fois à Sestrières et elle en gardait un bon souvenir. Pourquoi ne pas y retourner ensemble? Johnny, lui, pensait à la Suisse.

Une autre fois, le soir était doux et il décida de ne pas descendre à la station «Passy» comme il en avait l'habitude mais à «Trocadéro». Il irait à pied par les jardins et le quai de Passy jusque chez Arlette d'Alwyn.

Il arrivait en haut de l'escalier du métro et il vit un cordon de policiers qui attendaient sur le trottoir. On lui demanda ses papiers. Il n'en avait pas. On le poussa dans le panier à salade, un peu plus loin, où se trouvaient déjà une dizaine d'ombres.

C'était l'une des rafles qui, depuis le printemps, précédaient régulièrement les convois pour Auschwitz.

Patrick Modiano: «Johnny». *La Nouvelle Revue Française* N° 307 (1er août 1978): 1–5.

Je vous écris d'une plage normande où j'ai échoué voilà un mois. J'habite Paris mais depuis quelque temps la prudence m'a commandé de quitter cette ville au plus vite. Je ne voudrais pas entrer dans les détails : sachez seulement qu'ON me voulait du mal. Un vieux collègue a bien voulu me prêter alors les clefs de sa maison du bord de mer.

C'est une très modeste station balnéaire, de celles que fréquentaient les familles au début du siècle et, sur la plage, s'aligne encore une rangée de cabines délabrées. La maison, de style anglonormand, s'appelle «Villa Albert Ier». De ses fenêtres, on voit la Manche, la promenade qui mène à la jetée et le petit casino, là-bas, en forme de pagode chinoise. Pas une âme qui vive, sauf celle des mouettes. Les villas voisines sont fermées. Et la mer, en ce mois de décembre, a pris une curieuse teinte gris sanglant. Voilà, je vous ai planté le décor. Le plus souvent, je me tiens dans la petite chambre du second étage, tendue d'un papier peint à rayures. Il se craquèle. Des collections de vieux magazines sont entassées sur le plancher. J'ai passé des jours entiers à les feuilleter, et, dans l'un d'eux, j'ai découvert un grand reportage sur vous. Il datait des années cinquante, du temps de vos débuts. Le titre annonçait : «Une nouvelle star est née». On vous voit de trois-quarts, de face, de profil, en blanc et noir et en couleur. «Elle reçoit mille lettres par jour et elle y répond elle-même». C'est sans doute à cause de cette phrase que j'ai pensé à vous écrire après avoir découpé la grande photo de vous mise en couverture et que j'ai collée sur la porte, en face de moi.

A force de vous regarder pendant de longues heures, j'ai compris ce qui me plaisait chez vous : bien sûr, votre beauté, mais surtout la tristesse de votre regard et votre air d'extrême franchise. Cela me bouleversait quand j'allais voir vos films. Peut-être n'êtes-vous pas d'accord là-dessus, mais moi je vous donne mon humble avis.

Votre photo sur la porte, c'est une présence, car je dois vous avouer que je me sentais seul (surtout après qu'ils eussent tué mon chien. Mais je vous en parlerai plus bas). Alors je commençais une lettre avec l'idée de vous raconter mon histoire. Je la déchirais au bout de quelques lignes. J'avais peur de vous ennuyer : c'est impoli et saugrenu d'écrire aux gens que l'on ne connaît pas.

Mais ce soir, voyez-vous, je ne peux pas faire autrement. Je viens de me rendre compte que je n'ai personne d'autre que vous à qui me confier sur la terre. Le vieux collègue dont je vous parlais et qui a eu l'obligeance de me prêter sa maison, ne comprendrait pas l'horreur de ma situation. Non, il ne comprendrait pas.

Je sais bien que j'abuse de votre patience. Lirez-vous cette lettre jusqu'à la fin ? Vous devez en recevoir tellement à l'occasion des fêtes de Noël et du Nouvel An... Mais je vous en supplie, continuez cette lecture. J'essaierai d'être le plus clair et le plus concis possible. D'ailleurs, le temps presse. Tout a commencé, mademoiselle, cet après-midi où j'ai quitté la villa pour me promener dans les rues de cette petite station balnéaire. Il pleuvait, je me suis réfugié dans un café et, d'abord, je ne les ai pas vus. Ils se trouvaient tous les quatre autour de la table du fond. Je suis resté de longues minutes accoudé au comptoir mais personne ne venait. Enfin, le plus jeune s'est déplacé lourdement et s'est planté devant moi. Il portait une sorte de capote militaire trop grande pour lui. J'ai commandé une «Suze». Il a paru ne pas entendre. Il me fixait, les yeux vitreux et le menton arrogant. Et, soudain, sans que je m'y attende, sans un cri, sans un mot, il m'a expédié un grand coup de poing dans l'estomac. Puis il est resté là, hébété. Enfin, un sourire niais a glissé sur ses lèvres. A la table du fond, les trois autres me considéraient d'un air à la fois hargneux et amusé jusqu'à ce que le blond à moustaches et faciès de rongeur s'esclaffe carrément. Le bellâtre gommé a lancé : «Ne l'assomme pas aujourd'hui, Jacqueline, (il s'adressait à mon agresseur), on a tout notre temps...». «Jacqueline» est venu se rasseoir parmi eux et ils ne m'ont plus prêté la moindre attention. Je suis sorti, sous la pluie. A partir de ce jour-là, ils n'ont plus cessé de me persécuter, de me faire subir mille vexations. Au cas où il m'arriverait quelque chose de GRAVE (cela est pratiquement sûr) je vous donne leurs noms et les détails que j'ai pu rassembler à leur sujet. (Vous seriez très gentille de les communiquer à la police pour faciliter l'enquête. Mais je devine qu'une telle démarche vous rebutera. D'ailleurs, il sera trop tard et tout cela n'aura plus aucune importance). Je vous donne quand même ces renseignements.

Le plus jeune, donc, s'appelle Jacqueline. Est-ce un nom de famille ou un surnom ? Peu importe. Environ vingt-cinq ans. Tête de brute somnambulique. Yeux très clairs. Peau laiteuse. Serait gérant du bar «L'Escale», là ou il m'a agressé la première fois. Gomaz, Henri : la quarantaine. Petit blond moustachu. Ancien chef de rayon aux Galeries Modernes du Havre, mais renvoyé — paraît-il — pour indélicatesse.

Zizi Faure : trente-cinq ans. Ancien boxeur qui fut quand même champion poids coq du Contentin. Brun svelte et brillantiné, longs cils et yeux de velours qui brillent parfois d'un éclat mélancolique.

Tâche de noyer sa neurasthénie de sportif déchu dans le Vermouth. A eu des «affaires» de mœurs.

Gide Paul: lui, c'est l'alcoolique qui semble menacé, à chaque instant, d'apoplexie. Il porte la cinquantaine grasse et râblée. Les cheveux roux. La voix forte. Râleur. Bagout de camelot. Aurait travaillé jadis dans une compagnie d'autocars. Excusez-moi, mademoiselle, de vous présenter ces créatures inquiétantes. J'ai honte. Plus je regarde votre visage si doux, votre bouche «sensuelle» (comme on l'écrit dans les journaux), plus je me dis que ce ne sont pas des histoires pour vous. Je ne vous ai pas encore parlé de mon chien. Il vous aurait plu. Un labrador qui s'allongeait à mes pieds, me surveillait sans cesse et dont le regard s'embuait d'une douceur tzigane. Je l'avais emmené avec moi en exil sur cette côte normande. Un après-midi, alors que j'étais parti faire les courses, ils sont entrés par la porte-fenêtre et l'ont égorgé. C'est Jacqueline qui a fait le coup. A mon retour, j'ai aperçu leur groupe: Jacqueline se tenait adossé à la barrière de la villa et aboyait. Gomaz, Gide, et Zizi Faure étaient assis sur le banc. D'habitude, le chien venait à ma rencontre. J'ai tout de suite compris.

Voilà des choses qui vous font vraiment sentir que vous êtes en pays étranger.

Une nuit, j'ai marché jusqu'au Casino, qui présente − je vous l'ai déjà dit − l'aspect extérieur d'une pagode chinoise. (En effet, la station prit son essor vers 1880, sous l'impulsion d'un ancien officier de marine devenu millionaire. L'Extrême-Orient l'avait impressionné et il dressa lui-même les plans du Casino). C'était un samedi. Dans la salle poussiéreuse qu'occupait en son centre le jeu de boules, Jacqueline, à ma grande surprise, faisait office de croupier. Il portait, comme d'habitude, sa capote militaire trop grande pour lui. Henri Gomaz, légèrement en retrait, mâchonnait une allumette. Le lustre répandait sur eux une clarté qui me fit penser au titre d'un roman que j'avais lu: «Sous la lumière froide». Gomaz a levé la tête et m'a fixé, goguenard. Jacqueline a marché dans ma direction et m'a poussé brutalement vers la sortie. Zizi Faure me tirait par le bras et j'entendais la voix grasseyante de Gide: «Cette fois-ci, on lui fait son compte, hein, Henri?» Zizi Faure me serrait le poignet et me jetait de temps en temps un regard opaque. Etait-ce sa brillantine ou son parfum mais il répandait autour de lui des effluves de violette. J'ai reçu un coup de pied dans les reins. C'était Jacqueline. Ils m'ont traîné jusqu'à la jetée. Et si nous n'avions pas croisé en chemin un promeneur à bicyclette qui nous a demandé du feu (j'ai profité de l'occasion pour leur fausser compagnie à toutes jambes) je crois, j'ai même la certitude qu'ils m'auraient tué. Mais oui. Je me suis rendu plusieurs fois à la gendarmerie pour expliquer mon cas et demander protection mais ils m'ont toujours éconduit d'une manière douce et obstinée. Selon eux, Gomaz, Gide, Faure et Jacqueline sont des personnes fort recommandables et au-dessus de tout soupçon. Le chien a été tué par un rôdeur. Ils me trouvent beaucoup trop nerveux et imaginatif. La dernière fois j'ai compris que j'exaspérais le brigadier. Oui, il doute de mes facultés mentales. Il m'a prié poliment de ne plus l'importuner, sinon «il prendrait des mesures». Lesquelles?

La nuit du 24 décembre, à l'occasion de Noël, il y a eu une séance spéciale au cinéma «Le Viking». Justement, c'était votre premier film, celui qui vous a révélée au public. Vous imaginez avec quelle émotion, je vous ai vue apparaître sur l'écran. Je me suis senti un peu moins seul et cela m'a confirmé dans mon projet de vous écrire. La scène du funiculaire m'a bouleversé comme la première fois, il y a quinze ans, au Cinéac-Ternes. (J'avais douze ans, en ce temps-là et j'ignorais encore tout de la méchanceté des hommes. Après avoir vu votre film, je vous avais envoyé un petit mot pour vous demander un autographe. Vous ne m'avez pas répondu, mais je comprends : tant et tant de lettres d'admirateurs...) Votre visage derrière la vitre du funiculaire, vos yeux tristes et les larmes qui glissent sur vos joues... J'ai retrouvé à vingt-sept ans les sentiments que vous m'inspiriez à douze...

Mais je tiens à vous le dire : vous êtes la même aujourd'hui. Vous n'avez pas vieilli. Non. Je rentrais à la villa en pensant à vous et à ce merveilleux cadeau de Noël que le hasard m'avait offert : voir un film de vous, là, dans cette station balnéaire, morte et hostile lorsque, comme je longeais la promenade du bord de mer – vous me pardonnerez la monotonie de cette lettre, je n'y peux rien malheureusement – ils ont encore essayé de me tuer. Cette fois-ci ils étaient à bord d'une «Frégate» noire, l'une de ces lugubres automobiles des années cinquante. Jacqueline conduisait. A trente mètres de moi, il a accéléré brusquement, j'ai évité la «Frégate» de justesse, en me collant au mur de l'une des villas. L'automobile a ralenti, m'a frôlé. Au passage, Gide s'est penché par la portière et m'a donné un coup de poing. Zizi Faure s'écrasait le nez contre la glace, ce qui lui donnait un effrayant visage de monstre. Gomaz, sur la banquette arrière, mâchonnait toujours son allumette. J'ai traversé en courant. Jacqueline a effectué une brutale marche arrière et j'ai eu à peine le temps de plonger sur le sable pour éviter de nouveau l'automobile. Ils sont repartis à fond de train, en direction du Casino. Et maintenant, c'est le 31 décembre, onze heures du soir. La pluie et le vent ont cessé. Je vous écris, assis à une table en bois blanc, dans la petite chambre du second étage. De temps en temps je jette un coup d'œil par la fenêtre et je les vois qui rôdent autour de la villa. Ils s'éloignent puis reviennent. Inlassablement. Leur groupe, sur la promenade du bord de mer, a quelque chose d'irréel. Jacqueline marche devant, avec sa capote militaire qui lui bat les mollets. Gomaz, la tête enfoncée dans les épaules, progresse à pas précautionneux. Zizi Faure se tient très droit et n'a rien perdu – apparemment – de sa sveltesse ancienne. Et le corpulent Gide suit, titubant et essoufflé. Le lampadaire jette sur eux une «lumière froide». Je n'ai même plus besoin de les regarder. Je les entends chanter. «Il était un petit navire». «Les costauds de la lune», «Mon beau sapin», «La Marseillaise»... Leurs voix s'enflent ou s'éteignent selon qu'ils s'éloignent ou se rapprochent. Je les attends, mes assassins. Depuis toujours. J'essaierai de profiter d'un moment d'inattention de leur part – cet instant où toutes les sirènes vont hurler – (oui, j'oubliais de vous dire que dans ce curieux pays ce sont les sirènes qui annoncent le nouvel an) – je profiterai de cet instant pour courir jusqu'à la poste et vous envoyer cette lettre. Ensuite, ils pourront me tuer. Qu'on en finisse. Mais en cette nuit de réveillon, Mademoiselle, je tenais à vous dire une dernière fois toute mon admiration respectueuse et à vous transmettre mes vœux de bonheur et de succès pour la nouvelle année.

© Patrick Modiano: «Lettre d'amour».
Paris Match N° 1540.
1er décembre 1978: 45−48.

2. Interviews

2.1 Mit J. L. de Rambures

Apprendre à mentir.

Je ne puis réussir à écrire qu'à bout de nerfs. Si j'avais de la facilité, peut-être travaillerais-je de façon plus équilibrée, le matin, en me couchant relativement tôt. Malheureusement, l'écriture est pour moi une activité aussi harassante que fastidieuse. Comme la vie réelle ne suffit pas non plus à me satisfaire et que, si je renonçais à écrire, je serais terriblement malheureux, je n'ai pas le choix. Je dois me résoudre à mener une vie déséquilibrée.

Mes matinées, je les passe généralement à dormir et mes nuits (à partir de minuit jusqu'à environ 4 heures et demie du matin), à travailler... Ce qui ne consiste pas uniquement, notez-le, à écrire, mais aussi, lorsque je suis fatigué, à lire des journaux, ou à feuilleter quelque vieil annuaire jusqu'à ce que la découverte d'un patronyme extravagant ait soudain à nouveau aiguillonné mon imagination.

L'important, c'est d'observer un rythme rigoureux pendant tout le temps que prendra le roman (7 à 8 mois). Si je m'accordais une seule nuit de détente, même en pleines vacances, je sais que ma paresse reprendrait le dessus. Je perdrais irrémédiablement le fil.

Question: Est-ce que vous vous fixez un plan de travail quotidien ?

Réponse : Alors là, je dois dire que ce n'est pas du tout concerté. Je ne sais absolument pas où je vais. Je découvre mon chemin au fur et à mesure, comme un conducteur qui repère le paysage à la lueur des phares de sa voiture. Travailler en suivant un plan tracé au préalable comme le faisait par exemple Charles Plisnier qui rédigeait, avant de commencer ses romans, de véritables scénarios de 150 pages où tout était prévu comme pour un tournage cinématographique; cela paraît à première vue très séduisant. Mais c'est aussi terriblement dangereux, car l'on risque de ne jamais passer à l'acte. Dans mon cas, je crains que je mettrais des années avant de me décider. Je préfère donc construire un roman phrase par phrase comme l'on édifie brique par brique une maison.

Pas question, par contre, de revenir en arrière ou de réécrire un deuxième jet. Chaque phrase doit être définitive. Sinon, je ne puis continuer. Evidemment, cela me prend beaucoup de temps. Souvent, je tourne une journée entière autour d'une même phrase. Je l'écris, je la raye. Je la récris. Je finis par accumuler des dizaines de feuilles détachées pour une seule phrase infiniment répétée au stylo bille.

Q. : Ecrivant, comme cela, au hasard de l'inspiration, comment réussissez-vous à conférer une unité à vos romans ?

R. : Il y a comme une petite musique qui me guide tout au long du livre. Le problème, ce n'est pas la rhétorique — Je ne cherche pas à construire une phrase à la Chateaubriand ou à la Maurice Barrès, mais à les faire aussi courtes que possible — C'est de ne pas perdre le rythme. Pour préserver la continuité, je suis obligé de relire, presque avant chaque phrase, tout ce qui l'a précédée.

Pour ce qui est de l'action proprement dite, tout se passe comme à travers une paire de jumelles que l'on ajuste. Au départ, il y a une grande confusion. Tout est très flou. Et puis un moment vient (si l'on a eu la chance de choisir judicieusement la première phrase, très vite. Sinon, au bout de 30 à 50 pages) où un personnage dit «je» et c'est alors que tout commence à s'éclairer. Les problèmes qui se posent par la suite sont ceux des répétitions ou des sosies : On écrit une phrase, une autre, encore une autre. Et puis l'on s'aperçoit que c'est toujours la même. Ce n'est pas grave. Il suffit de rayer les deux phrases superflues et le flottement disparaît. Ou bien encore, on s'aperçoit que, sous des noms différents, deux personnages n'en font en réalité qu'un.

Il est aisé, là encore, de rectifier le tir. Un exemple : Dans *Les Boulevards de ceinture,* il y a un épisode où le héros, se promenant avec son père, se rend au marché aux timbres. Dans la version initiale, il ne s'agissait pas du père mais d'un autre personnage qui lui ressemblait comme un frère. En réunissant les deux noms, c'est devenu beaucoup plus clair.

Tout se réduit, en définitive, à essayer de condenser le plus possible. Dans un roman, il y a toujours une part importante de déchets. Un quart, ou même la moitié selon les cas : Alors, quand on écrit un petit livre, la perte est forcément moins grande que dans un livre de 600 pages. A une époque où le lecteur dispose de moins en moins de temps, il faut lui permettre de lire d'une seule traite.

Q. : L'action de vos trois romans tourne autour de l'Occupation. Vous êtes né, vous-même, en 1947. Pourtant on a l'impression en vous lisant, que vous avez vécu personnellement cette époque. Quel est votre secret ?

R. : Attention. Ce n'est pas l'Occupation pour elle-même qui me fascine, mais tout autre chose. Mon but est d'essayer de traduire une sorte de monde crépusculaire. Si je recours à l'Occupation, c'est parce qu'elle me fournit ce climat idéal, un peu trouble, cette lumière un peu bizarre. Mais il s'agit en réalité de l'image démesurément grossie de ce qui se passe aujourd'hui.

Comment je procède pour retrouver cette période ? Pas en recourant aux ouvrages historiques. Il vaut mieux que cela reste un peu dans le vague. Il faut éviter de poser trop de questions. Mais en opérant des repérages sur place exactement comme un cinéaste qui choisit ses extérieurs avant de tourner. Il se trouve, en effet, que j'ai une imagination essentiellement visuelle. Je suis d'une génération qui a été intoxiquée par le cinéma. Il est normal qu'elle soit beaucoup moins rhétorique que la précédente. Dès que j'imagine plusieurs personnes dans une pièce, je les vois évoluer. Je distingue jusqu'au mobilier. Pour mes romans, j'ai absolument besoin de localiser l'action. Au départ, il y a un certain cadre qui ne correspond pas, d'ailleurs, forcément au titre (quoique celui-ci ait toujours une résonance topographique). Pour *La Place de l'Etoile,* c'était beaucoup moins Paris que Bordeaux (Les Chartrons, François Mauriac) et Vienne (L'Autriche-Hongrie, la première ville germanique que j'ai connue) qui m'ont inspiré. Pour *Les Boulevards de ceinture*, c'est Barbizon. Pour *La Ronde de nuit* le 16e arrondissement de Paris : un quartier qui veut paraître aujourd'hui très bourgeois mais que je vois tout autrement : il est plein de maisons 1930 un peu bizarres, d'hôtels particuliers qui ont l'air abandonnés. Lorsque l'on sait que sous l'Occupation, les officiers de la Gestapo et toute une faune interlope y avaient élu leurs repaires (j'ai eu l'occasion de visiter un immeuble de la rue de la Pompe où il s'était passé des horreurs. La salle de bains était restée telle quelle. C'était hallucinant), alors cela devient très mystérieux. La nuit, lorsque les rues sont désertes, on s'aperçoit que les lieux gardent l'imprégnation de ce qui s'y est déroulé.

Pour sentir cela, je me livre à de longs vagabondages muni d'un carnet où je note presque maniaquement tout ce qui m'a frappé : pas de choses précises — je ne fais pas du réalisme — mais des indications d'atmosphères. Tantôt il s'agit de l'ancienne adresse de telle star du muet, découverte en feuilletant un vieil annuaire de cinéma, que je vais vérifier sur place. Tantôt c'est une entrée d'immeuble ou une cage d'ascenseur qui m'a frappé, par hasard, à cause d'une certaine luminosité. Chaque fois, je note : avenue Kléber no X — style de l'édifice — caractéristique de la lumière. Je possède des cahiers entiers remplis de nos d'immeubles. Inutile de savoir s'il s'est réellement passé, il y a trente ou quarante ans, un drame à cet endroit. Il suffit que je puisse l'imaginer. Alors, rentré chez moi, si, par chance, je tombe, en vérifiant dans le bottin, l'identité des habitants de l'immeuble en question, sur quelque nom tant soit peu extravagant, mon imagination se met tout de suite à broder.

Q. : Il y a tout de même une part autobiographique indéniable dans vos romans.

R. : Oui. Mais elle est entièrement métamorphosée par l'imagination. Présenter les choses telles qu'elles se passent dans la réalité, cela m'a toujours paru peu romanesque. Pour que ça le devienne, il faut déformer, concentrer, aller chercher tous les détails significatifs à travers l'écume de ce qui s'est passé et puis les amplifier de façon démesurée.

Prenez *Les Boulevards de ceinture:* je m'y suis inspiré en principe de mon père. Mais ce ne sont pas des faits réels que je raconte. Il n'a jamais essayé de me pousser sous le métro. Il m'était simplement hostile. Alors j'ai choisi ce geste spectaculaire pour symboliser cette hostilité que je sentais en lui contre moi.

Alors les gens, lorsqu'ils se reconnaissent dans mes livres, me disent «c'est scandaleux», «c'est un mensonge». En un sens, ils ont raison. Mais en même temps, c'est la vérité même, poussée jusqu'à ses extrêmes conséquences.

Je procède un peu comme un acteur ou une actrice se maquillant, eux aussi, pour avoir l'air plus réel.

Prenez Greta Garbo. Sur les écrans, elle a toujours de magnifiques cils d'une longueur gigantesque. Dans la vie ordinaire, c'était faux, elle n'avait pratiquement pas de cils du tout. N'empêche que sa vérité était d'avoir de longs cils.

Vous me direz que, pour réussir ces trucages, il faut avoir un certain degré de duplicité. Sans doute. Mais comment devenir romancier sans apprendre à mentir ?

(23 mai 1973)

J. L. de Rambures : *Comment travaillent les écrivains.*
Paris : Flammarion 1978 : 126−131.

2.2 *Mit Dominique Jamet*

« *L'Occupation et la judéité n'étaient que les oripeaux dont je déguisais mon angoisse* »

Villa triste est − déjà − son quatrième livre. Le premier, *La place de l'Etoile* a paru, avec une superbe indifférence, au milieu des derniers grondements de l'orage, en juin 1968. Totalement étranger aux préoccupations et à la mode du moment, il n'en fut pas moins remarqué, et le fait en lui-même est assez remarquable. Ceux qui l'ont lu n'ont pu oublier l'étonnante « histoire juive » qui lui servait d'épigraphe : « *Au mois de juin 1942, un officier allemand s'avance vers un jeune homme et lui dit : ‹ Pardon, monsieur, où se trouve la place de l'Etoile ? › Le jeune homme désigne le côté gauche de sa poitrine* » ... *Villa triste* n'est que son quatrième livre. Mais en quatre ans et trois romans − *La place de l'Etoile* (1968, prix Roger Nimier), *La ronde de nuit* (1970), *Les Boulevards de ceinture* (1972, grand prix du roman de l'Académie française), Patrick Modiano s'était d'ores et déjà taillé une place à part entière qui était aussi une place entièrement à part dans la littérature romanesque contemporaine. S'il a semblé marquer un peu le pas avec *La polka*, pièce manquée, et piétiner des plates-bandes très fréquentées avec sa contribution au scénario de *Lacombe Lucien*, film aussi réussi que discuté, c'est que la vague d'un certain goût rétro avait rejoint et submergé un instant celui qui en fut sans l'avoir prémédité comme l'archange annonciateur.

Il ne s'agissait pas chez lui, comme chez tant d'autres, d'un jeu, d'un snobisme ou d'une nostalgie. Par un phénomène qu'on était presque tenté d'assimiler à une anomalie génétique, ce grand jeune homme aux allures solitaires et mélancoliques semblait porter, inscrit dans sa mémoire et sa sensibilité, le souvenir d'années noires que, né en 1947, il n'avait évidemment pas vécues. Tout concourait à auréoler d'un mystère sombre ce jeune romancier apparemment fermé sur d'indicibles secrets qui se promenait comme un chat dans la nuit de Paris où il paraissait poursuivre et retrouver indéfiniment les nuits plus obscures encore de l'Occupation.

Peut-être y avait-il là un malentendu, une erreur sur la fixation. On le comprendra en lisant cette interview où, pour la première fois, à vingt-huit ans, Patrick Modiano s'explique, longuement et clairement, sinon complètement, au moment où il publie *Villa triste*. Un roman qui, pour se situer au début des années soixante, n'en est pas moins un jeu fascinant avec le temps perdu, retrouvé, reconstruit, et rêvé en définitive, en même temps qu'une plainte qui dit l'inguérissable blessure de la vie qui s'écoule.

Ce grand jeune homme, aimable et même souriant, vêtu d'un ensemble en *jean* résolument moderne, qui m'ouvre la porte de son rez-de-chaussée, un ancien atelier de peintre devenu confortable duplex, qui donne sur une rue tranquille du XVIIe arrondissement, qu'il ressemble peu, au premier abord, à ce héros unique, à ce Je peu distinct de lui-même que Patrick Modiano promène de livre en livre dans un passé qu'il réinvente! Et comme il lui ressemble bientôt!

Difficile à faire parler? Non. Il est là, plein de bonne volonté, disposé à tout dire, tout faire, pour vous aider, jusqu'à tenir la lampe qui vous permettra de voir clair en lui-même, s'il se peut. Ce n'est certes pas la réticence du monsieur qui veut cacher des choses et moins encore le silence de qui n'a rien à dire. Mais je ne sais quel mystérieux barrage, quelle censure de l'inconscient bloque au dernier moment les confidences et les mots mêmes au bord des lèvres. Il n'est pas jusqu'aux intonations faubouriennes, à la façon comme dégoûtée dont il lâche ou fait traîner certaines syllabes, à la pauvreté même de ce vocabulaire, qui ne semblent comme autant de protections, de murailles contre sa propre indiscrétion. Quel contraste avec cette prose aisée et limpide qui court au long de ses livres!

Balzac n'aurait pas manqué de restituer avec ses hésitations, ses lapsus, ses repentirs, ses silences, ses redites, sans faire grâce d'un accent, d'une erreur, le parler de Modiano. En voici un échantillon, pour n'y plus revenir : *Bon… euh… c'est-à-dire… j'ai… non… mais je vais quand même essayer… stadire, enfin… euh… c'est plus facile… si ça vaut la peine… c'est plus facile pour moi d'écrire.* J'ai préféré condenser un peu.

Cette maladresse n'est pas au bout du compte sans étrangeté ni sans charme. Elle ralentit le rythme du dialogue. Il faut résister à la tentation d'aider, de suppléer, de bousculer cette pensée qui s'élabore et s'extériorise lentement, délicatement. Il faut arracher une à une ces phrases au silence comme des perles rares au fond de je ne sais quel océan. Ne pas le laisser se refermer sur lui-même. Patrick Modiano appelle des métaphores marines. Il y a en lui quelque chose de très doux, de très glauque et de très profond : des abysses.

PATRICK MODIANO : — C'est la difficulté d'élocution qui fait qu'on se rabat sur l'écriture.

Qu'on se « rabat » ? Étrange expression. Imprécise, impropre ou voulue ?

DOMINIQUE JAMET : — *D'élocution ? Vous n'avez pas de défaut physique. Ne s'agit-il pas plutôt de difficulté d'expression, ou d'extériorisation, et en définitive de communication ? Vos propres personnages ont souvent du mal à parler et quand ils parlent, à être entendus…*

P.M. : — Toujours. Ça rejoint un univers, *un* espèce d'univers où rien n'est tout à fait sûr, où les gens ne finissent pas leurs phrases. Un univers inquiétant où les choses ne sont jamais claires. C'est une manière de parler *énervante*, les phrases restent en suspens, « ils » ne finissent pas leurs phrases…

Si proches de lui-même, ces personnages mous, flottant dans l'air comme des fumées, ces doubles émanés, évadés de lui-même, créatures de pénombre. Il en parle avec un tel détachement. Un peu comme si c'était des leurres, des ombres errantes créées pour tromper on ne sait quel destin.

D.J. : — *Est-ce que vos héros ne reculent pas, finalement, devant la complexité de ce qu'ils auraient à dire ?*

P.M. : — Oui, ce sont toujours des gens un peu troubles. Ça se traduit dans leur langage par quelque chose d'un peu douteux. Quand le héros interroge, personne ne lui répond jamais de façon claire.

D.J. : — *Vous dites le « héros ». Vous parlez, je pense, de ce personnage principal, qui est aussi un personnage reparaissant toujours le même…*

P.M. : — Oui, c'est un peu *un* espèce de Je, *un* espèce de narrateur…

Ne pas l'interrompre. Le laisser se perdre dans la rêverie. Nous avons tous eu des camarades comme cela à l'école. Le ramener très doucement au sujet, ou attendre qu'il retouche terre, de lui-même.

— Il n'arrive jamais à parler, et les autres aussi d'ailleurs. C'est éprouvant pour les nerfs. C'est un peu comme dans les...

«Rêves». Je suppose qu'il veut dire «rêves» ou «cauchemars».

— C'est toujours des gens qui tâtonnent un peu dans leur manière de parler.

A vrai dire, le dialogue s'engage d'autant plus malaisément dans les romans de Modiano que, d'une phrase sur l'autre, on passe aisément d'une année à l'autre, ou d'une époque à l'autre. Les personnages n'évoluent pas dans le même temps, ce qui n'a jamais facilité les rapports.

— Oui, il y a *un* espèce de voyage, de perpétuel aller et retour du passé au présent. Enfin, dans les premiers romans...

D.J.: — *Vous semblez opposer vos premiers romans au quatrième. Quelque chose a changé?*

P.M.: — Oh! ben non, non.

Il proteste, comme s'il avait lâché une énormité, bombe plutôt que bourde, une révélation incongrue.

D.J.: — *Quand même, vous vous rapprochez de votre temps, et du nôtre, en prenant pour cadre les années soixante. Et vous vous rapprochez de la réalité. Vous avez, sinon vécu, au moins connu l'époque et les lieux où évoluent vos personnages.*

P.M.: — Quand même, c'est encore le rêve. C'est moi, mais à travers une autobiographie complètement rêvée.

D.J.: — *Complètement?*

P.M.: — Il y a un noyau qui est la réalité, mais complètement transformée.

D.J.: — *Le «Je» a quand même des traits permanents dont certains vous appartiennent en propre...*

P.M.: — Oui, oui, mais c'est complètement exagéré. Il y a des gens, dans leurs autobiographies romanesques, qui ne transposent pas du tout. Comme Miller. Là c'est plutôt une espèce de récit, où l'aventure personnelle est enrichie.

D.J.: — *Quand même, on se sent dans un monde plus réel. Votre narration elle-même est plus réaliste.*

P.M.: — Ah! ben oui, si vous le dites.

Il rit comme soulagé qu'un autre que lui ait émis jugement ou diagnostic, prêt d'ailleurs, visiblement, à accepter, par esprit de conciliation, une affirmation qu'il n'approuve pas.

C'est Annecy, et c'est la vie, mais comme on voit dans les rêves une rue qu'on a habitée, avec une coloration un peu bizarre.

D.J. : — *Vous avez vingt-huit ans. Vous paraissez plus que votre âge, et dans vos livres, et dans la vie.*

P.M. : — Peut-être. C'est toujours comme ça, c'est le moment où on bascule, entre vingt-cinq, trente ans, dans l'âge adulte. Enfin, on était déjà adulte, mais la notion du vieillissement, du temps qui passe, c'est un truc qu'on n'a pas jusqu'à vingt ans. Ou vingt-cinq. Jusqu'à vingt-cinq ans, personne n'est plus jeune que vous. Jusqu'à vingt-cinq ans, on est immortel, enfin on se croit immortel.

D.J. : — *Vous dites cela comme si vous l'aviez déjà vécu.*

P.M. : — Oui, c'est vrai, c'est normal quand on se dédouble, quand on est un peu le spectateur de soi-même, à partir du moment où on ne vit pas d'une manière spontanée. C'est le drame — enfin ce n'est pas un drame —, le problème de l'écrivain — non, c'est un mot grandiloquent. De celui qui écrit, et qui a toujours l'impression d'être plus vieux que le moment dans lequel il vit. Même à vingt ans je regardais déjà en arrière alors que d'habitude c'est l'époque où l'on regarde vers l'avant. D'habitude, à dix-huit ans, vingt ans, vingt-cinq ans, on ne se penche pas sur son passé. Moi j'avais la *manie* de regarder en arrière, toujours ce sentiment de quelque chose de perdu, pas comme le paradis, mais de perdu, oui.

D.J. : — *Vous vous penchiez sur votre passé, et aussi sur un passé qui n'était pas le vôtre. Mais vous, quelle a été votre histoire, votre passé, jusqu'à dix-huit, vingt ans?*

P.M. : — Vous voulez dire, dans la réalité?
Quel mot superbe, et quelle question révélatrice!

D.J. : — *Mais oui, jusqu'à ce que vous commenciez d'écrire.*

P.M. : — C'était assez banal. J'ai fait des études jusqu'au bac, puis je n'ai plus rien fait.

D.J. : — *Sauf écrire. Mais parlez-moi un peu de votre famille.*

P.M. : — Si vous voulez. Mais ça vous ennuie pas?

D.J. : — *Mais non, je vous assure.*

P.M. : — Écoutez, c'est un mélange assez bizarre. Mes parents, je veux dire... Ce sont des gens qui se sont rencontrés dans une période trouble, comme on se rencontrait fortuitement, sous l'Occupation.

Mon père était... mais vous croyez vraiment... mon père... pour vous situer en gros... Il était... C'est de ces familles... Il était dans les ports méditerranéens... Des familles comme ça... Oui, Alexandrie... je veux dire dans Durrell... C'étaient des Juifs d'Alexandrie...

Cette confession qui sort, par bribes, hachée, cette lutte inté-
rieure qui se dénoue en paroles, a quelque chose de fascinant.
— Et de Salonique. Des gens qui s'expatriaient facilement. Des
apatrides. Du côté de ma mère, au contraire, enfin, elle était moitié
hongroise, moitié belge. Alors avant la guerre, elle avait dix-sept,
dix-huit ans, elle faisait du cinéma pour la UFA, la compagnie
allemande, avant que les nazis la contrôlent. Mais c'est pas intéressant. Elle travaillait pour des studios à Bruxelles, pour des espèces de
comédies, mais tout ça a disparu. Elle est venue à Paris dans les
années 40, ils se sont rencontrés dans un climat assez trouble, puisque mon père était obligé de se cacher, évidemment. Dans ce Paris
de l'Occupation où les choses étaient beaucoup moins tranchées
qu'on l'a dit. Il y avait des interpénétrations. Un type qui se cachait
pouvait quand même survivre.

D.J. : — *Que faisait votre père ? Il ne vous en a jamais parlé ?*

P.M. : — En fait il est resté à Paris jusqu'à la fin de l'Occupation.
Sous une fausse identité. C'était une vie clandestine. C'était peut-être
plus facile pour un Juif qu'à la campagne, l'anonymat des grandes
villes. D'une manière paradoxale les seuls endroits où l'on n'était pas
traqué, c'est ceux où l'on côtoyait ses ennemis. Enfin ce n'étaient pas
ses ennemis. Des gens qui voulaient votre perte. *Je me suis souvent
mis à sa place.* C'était assez ambigu.

D.J. : — *Dans vos livres, en effet, vous vous mettez beaucoup à sa
place, et vous lui prêtez des activités, sinon inavouables, au moins
indéfinissables. Mais pourquoi ne pas le lui avoir demandé, et que
pense-t-il du portrait « rêvé » que vous faites de lui ?*

P.M. : — Il avait des activités d'ordre plus ou moins financier, pas
douteuses, chimériques plutôt. J'aimerais en savoir davantage, mais
je ne l'ai pas revu depuis une dizaine d'années. Pour des raisons
familiales.

*Tout devient clair, c'est la grande lumière. La haine et l'amour.
Le père, présent dans chaque roman, imaginé, poursuivi, pro-
tégé, caricaturé, tué. La mère présente dans la vie, invisible
dans la fiction. L'obsession du temps de leur rencontre…*

— C'est juste au moment où je ne l'ai plus vu que j'ai appris ce
qu'était cette époque, et que je n'ai pas pu lui poser les questions. En
fait il n'avait pas tellement de solutions pour subsister. Il a dû,
comme il n'avait plus d'existence civile, plus ou moins se débrouiller,
peut-être de manière pas très…

D.J. : — *Vous avez pu questionner des personnes qui l'ont connu ?*

P.M. : — Je connais leurs noms, mais elles ont toutes disparu. Pas
seulement les collaborateurs. Il a été plus ou moins en rapport pour

des raisons assez bizarres avec Maurice Sachs qui faisait du trafic d'or. C'est un monde qui s'est écroulé, dispersé. J'ai toujours trouvé qu'il y avait quelque chose d'excitant dans cette époque, quelque chose de romantique, aussi, dans la rencontre de mes parents. Elle avait vingt-deux ans, elle était actrice, il se cachait... Ils se sont mariés après, évidemment, en 1946.

D.J. : — *En fait, vous m'avez parlé là, encore une fois, de ce qui s'est passé avant votre naissance, et donc de l'Occupation. Mais vous, jusqu'à vos dix-sept, dix-huit ans ?*

P.M. : — Eh bien ! pendant ma petite enfance, j'ai vécu avec mes parents. Puis, de onze à dix-sept ans, j'ai été au collège, dans diverses institutions, surtout en Haute-Savoie. Ma mère était souvent en tournée, dans des pays lointains. Mon père avait l'apparence d'être riche, mais il était un peu mythomane. En fait, il avait des problèmes financiers, dont il se tirait par des pirouettes. J'aimais la littérature, et tous les ans, depuis l'âge de quatorze ans, je commençais un livre et, au bout de vingt pages, je laissais tomber.

Je rôdais déjà autour de l'Occupation, de ce monde un peu glauque, mais je n'arrivais jamais à trouver un axe. Ça s'est déclenché à la suite d'un voyage que j'ai fait avec mon père, à Bordeaux, une des dernières fois que je l'ai vu. Mon père voulait m'inscrire de force dans un lycée, dans cette ville, qui est ce que la France a de plus français, une quintessence, la capitale de la France mauriacienne. Il ne voulait pas que je sois à Paris, pour des raisons familiales. Nous avons passé ensemble deux ou trois jours qui m'ont paru absurdes et, dès qu'il est parti, je me suis sauvé, je suis revenu à Paris. Cette situation m'a donné l'axe de mon premier livre.

D.J. : — *Vous vous êtes documenté ?*

P.M. : — Non, tout est venu ensemble, le ton, l'axe, le sujet, comme en spirale. A la base, il y avait une volonté d'élucider ma propre origine, une quête de mon identité. Trop jeune, je ne comprenais pas qu'il s'agissait d'une angoisse générale. J'ai axé le livre sur le problème du Juif et du non-Juif, je l'ai limité, je n'ai pas universalisé cette incertitude. Être ou ne pas être juif n'est pas la question, c'est être ou ne pas être. L'Occupation, la judéité n'étaient que les oripeaux dont je déguisais mon angoisse. Mon père avait bien sûr acheté des livres pendant l'Occupation, Rebatet, Céline, toute la clique. C'était toute la production d'une époque dont je me suis imprégné, et qui a donné une couleur à mon angoisse.

D.J. : — *Il est fréquent de commencer par des livres autobiographiques, mais rare que l'autobiographie soit, si j'ose dire, antérieure à la naissance.*

P.M. : — C'est normal : j'ai toujours eu l'impression d'être le fruit du hasard, d'une rencontre fortuite. J'ai lié mon angoisse d'identité à ma situation familiale, mon père juif, ma mère qui ne l'était pas. Je suis un personnage un peu bâtard. Je me suis intéressé à ma préhistoire comme le font, par réaction, les gens qui n'ont pas de racines... S'il n'y avait pas eu l'Occupation, me disais-je, je ne serais pas là. Il fallait cette période trouble, désordonnée, illogique, pour que je naisse.

D.J. : — *Vous avez su décrire cette période avec plus d'humanité et de sérénité que les gens qui l'ont vécue.*

P.M. : — Ils ne peuvent être sereins, bien souvent, il y a les blessures, il y a les haines. Mes parents, comme tous les gens superficiels, comme 99% des gens, se sont laissés porter par l'époque. Ils savaient que rien n'y était simple, que tout s'interpénétrait. Les deux plus grands trafiquants du marché noir étaient juifs. Le destin personnel de mes parents m'a montré que les contraires pouvaient se rencontrer et s'assembler.

D.J. : — *Vous avez écrit « La place de l'Étoile » à dix-huit ans ?*

P.M. : — Oui, j'avais passé mon bac, j'étais livré à moi-même. J'ai fait croire à ma mère que je passais des certificats en Sorbonne alors que je travaillais à mon livre. Je me suis lancé là-dedans avec une inconscience totale; je n'avais aucune idée de la complexité de l'écriture.

D.J. : — *Votre écriture semble refléter un certain bonheur. Est-ce que vous écrivez facilement ?*

P.M. : — Ah! alors là, pas du tout. C'est horrible. Je n'ai aucune facilité. Je suis complètement anachronique. Il y a là un travail manuel qui n'est plus du tout dans le ton de l'époque. C'est là aussi que je suis plus vieux que mon âge et peut-être que mon temps. Cette espèce de souci des adjectifs, ou de raccourcir la phrase, comme un écrivain de 1920. Le bonheur d'écriture, ce n'est pas le bonheur d'écrire.

D.J. : — *Dans la vie et devant la vie, votre « Je » littéraire est terriblement angoissé. Est-ce votre portrait ?*

P.M. : — Oui, c'est un peu moi, mais en plus caricatural. Parce que là, ça prend des proportions.

D.J. : — *Mais vivre ne vous pose pas de problèmes particuliers ?*

P.M. : — Non, pas spécialement. C'est-à-dire, quand même, je n'arrive pas à vivre d'une manière naïve et spontanée. Je crois que c'est le cas de tous les gens qui écrivent.

D.J. : — *Le succès, le prix Nimier, le grand prix du roman de l'Académie, la notoriété, ça ne vous a pas grisé ? A votre âge ?*

P.M. : — D'abord, ce «succès» ne me permet pas de vivre. Et puis on n'est plus à l'époque où on devient une vedette seulement par la littérature. Sagan a été la dernière. Là aussi je suis venu trop tard.

D.J. : — *Dans votre nouveau roman, vous faites un grand bond en avant, d'un coup, de l'Occupation aux années soixante. Vous vous rapprochez de notre temps?*

P.M. : — On est toujours dans son époque, vous savez.

D.J. : — *Même quand on prend ses distances?*

P.M. : — Finalement, on ne peut pas faire autrement que décrire son époque, même si superficiellement on a l'air de décrire le passé. Ce sont tout au plus les nostalgies de l'époque.

D.J. : — *En fait, bien que les apparences soient contre vous, vous êtes aux antipodes de la mode «rétro»?*

P.M. : — Ce n'est qu'une fuite généralisée dans le temps, le contraire d'une recherche de soi-même. Il y a eu un quiproquo à propos de mes trois premiers livres. L'époque ne m'intéresse pas pour elle-même. J'y ai greffé mes angoisses. Mais mon Occupation est une Occupation rêvée. C'est en quoi elle relève de la littérature, et pas de l'histoire ou de la médecine mentable.

Il a une dernière question, une inquiétude qui le prend tout à coup :

— Mais qu'est-ce que vous allez bien pouvoir faire de tout ça?

(Octobre 1975)

Ecrire, Lire et En Parler... Dix années de littérature mondiale en 55 interviews publiées dans LIRE et présentées par Bernard Pivot. Paris : Robert Laffont 1985 : 41–46.

2.3 Mit Jean-Louis Ezine

J'ai fait un rêve. Je jouais à un jeu étrange avec Patrick Modiano. Cela ressemblait à une bataille navale, mais dont les bateaux eussent été des rues de Paris. Muni de la toute dernière édition du guide bleu Leconte, «Paris-Eclair», ouvert au plan quadrillé représentant le 17e arrondissement ouest, j'attaquais à tout hasard : «H5.» Après un long silence médusé, Patrick Modiano finissait par répondre : «Rue Delaizement, coulée.» Il possédait quant à lui un petit Taride rouge tout dépenaillé et, ayant tâté nerveusement le terrain, il répliquait bientôt par : «C3.» «Manqué», répondais-je de bonne foi. «Comment? s'étonnait aussitôt Modiano. C'est impossible! Votre rue Delaizement flotte encore?» En dépit de sa publication récente, mon plan était en effet périmé sur ce point, comme je pus le vérifier le lendemain au réveil. Il s'obstinait à tracer, entre le boulevard Aurelle de Paladines et l'avenue de la Porte de Villiers, une rue que les canonnières ouvrant le boulevard périphérique ont littéralement emportée, renseignement pris, en 1971. La suite du rêve reproduisait les événements réels et les propos de la veille : Patrick Modiano, pour me convaincre, m'emmenait sur les lieux du naufrage et, entre les grues et les gravats, essayait de faire revivre feue la rue Delaizement, une rue, «comment dire ? Une rue entre deux eaux, une rue qui naviguait entre deux univers contradictoires... ».

Entre deux eaux ! Cette expression m'étonne et il ajoute, dans un déconcertant effort de précision : «Oui, entre deux eaux, comme on dit : une demi-mondaine, vous voyez ? » Je vois de moins en moins. Nous sommes sous les arbres, aux feuilles blanchies de poussière, de l'avenue de la Porte de Villiers. Pas une maison, rien. A gauche, un anneau solitaire de cendrée ocre, vierge, fraîche et flambante, consignée dans un périmètre de hauts grillages : le «Stade Paul-Faber», annonce en lettres peintes, sur le ton de l'interdiction au public, un panneau visible de tous. A droite, un immense *no man's land* aveuglant, jonché d'éclats de pierres, d'échardes, de goulots de canettes, où le soleil lui-même semble poudroyé par les machines à chenilles. L'air paraît empesé à cet amidon volatil des chantiers, fait d'on ne sait quoi, de mouches de plâtre sans doute, de chapelures de bois frais, de suspension provisoire du temps. Combien de patients décapages à l'explosif ont plaqué dans l'espace cette blancheur irréelle, qui s'entête ? Sous nos pas, loin dessous, le flot grondant, assourdi mais continu, du boulevard périphérique. Dans un paysage mort, vide, soufflé, gratté jusqu'à l'os, c'est presque une inquiétude, cette rumeur souterraine qui fait vibrer le pavé et monte dans les jambes, comme une armée de fourmis métalliques... Un frisson effrayé — provoqué par l'endroit ou par le regret de m'y avoir conduit ? — bouleverse soudain le visage de Patrick Modiano. Pressant, presque hagard, il me fixe dans les yeux du haut de ses deux bons mètres, me saisit le coude : «Rebroussons chemin. Je vous l'avais bien dit, c'est sans intérêt, sans mémoire... pardonnez-moi. »

Moi, je voudrais tout de même savoir... Cette lande frappée d'amnésie, quel est donc son secret ? De quelle guerre fut-elle témoin ? «Il n'y a plus d'indices», assure-t-il sur le ton de l'enfant boudeur. Un moment, j'ai l'impression d'entendre Guy Roland, le détective privé qui dans *Rue des Boutiques Obscures* enquête en vain sur son passé perdu, sur sa mémoire en chantier, arpentant des villes, des paysages qui ne veulent rien avouer. Dans sa simplicité nue, le roman le plus troublant de Modiano, le plus magique, et qui allait une semaine plus tard lui valoir le prix Goncourt. «Il n'y a plus d'indices, répète-t-il, mais on peut essayer... La rue Delaizement était une rue bizarre, indescriptible, inexplicable. Elle se terminait d'ailleurs en impasse... comme pour mieux buter ou rebuter les mots, étouffer les images... Ici, à cent mètres sur la droite, ces immeubles, c'est Levallois-Perret. Là, à cent mètres sur la gauche, ces autres immeubles, c'est Neuilly. Et à cent mètres derrière nous, c'est Paris. Eh bien, ces trois mondes bien distincts, et même opposés si l'on ose comparer Levallois à Neuilly, se touchaient littéralement dans la rue Delaizement, mélangeaient leurs caractères, de sorte qu'on ne savait plus où l'on se trouvait, à Paris, à Neuilly, ou à Levallois. Ce mélange incongru, indéfinissable, se lisait dans l'architecture des façades et, d'une certaine manière, sur le visage même des riverains... »

Nous revenons lentement vers le boulevard de l'Yser, le boulevard de Dixmude. «Dixmude, Yser, c'est gratiné ces noms-là!» pouffe-t-il en aparté, avant de poursuivre : «En fait, tout le quartier porte la trace de ces mélanges contre nature : c'est une zone intersticielle et indémêlable entre l'univers prolétarien, graisseux, des garages et des entrepôts de Levallois et celui des immeubles cossus du 17e qui les jouxtent pratiquement, par la rue Jean-Moréas, par la rue du Dobropol, quel nom encore celui-là! par la rue des Dardanelles... Tenez, venez voir la rue des Dardanelles...» Pierres de taille, balcons opulents, grilles hérissées contre des moutonnements de troènes, silence gris. «C'est là que de Broglie a été assassiné, chuchote-t-il en retenant son souffle et ses pas. Ce sont des immeubles bourgeois, mais ne leur trouvez-vous pas quelque chose de louche? Ce côté demi-mondain, ce côté transitoire des meublés de faux luxe... A première vue, c'est aussi proustien qu'à Boulogne, mais en arrière-fond... cette odeur de trafic... La lumière glauque des hangars tout proches rôde jusque sous les voûtes de ces hôtels particuliers. Pour un peu, on dirait que le destin conduit ici, le temps d'une rémission, des vies compromises entre deux faillites frauduleuses... C'est sûrement plein de gens stables à présent, mais... En tout cas, ce que le boulevard périphérique a emporté avec la rue Delaizement, c'est le tissu où tous ces mystères, tous ces échanges s'épaississaient jusqu'à l'insondable... »

Romancier des mondes interlopes, des identités troubles, Patrick Modiano réveille pour moi les fantômes équivoques de son quartier. Il me raconte la vie de Joanovici, un Juif roumain, qui trafiquait dans la ferraille pendant l'Occupation. Son commerce crapuleux l'avait d'abord conduit à s'installer rue Jean-Moréas, en lisière de Levallois où prospérait tout un marché noir lié à l'industrie de l'automobile. Puis, s'étant enrichi, il avait acquis un second appartement tout près de là, boulevard Malesherbes. «C'était pour lui une façon d'afficher sa promotion sociale, de se donner une caution parisienne, sans trop s'éloigner de la ferraille. Il menait alors deux vies, mais quelques mètres seulement séparaient l'une de l'autre.»

Un quartier à double vie, en somme, dont Patrick Modiano a su patiemment apprivoiser les ombres, les entrées de service, les rues détruites, la fraîcheur charbonneuse des tunnels que nous allons goûter, sous les frondaisons du chemin de fer de ceinture, et qui ne convoie plus que l'oubli. C'est la halte qu'il choisit pour me confier : «Allons, il faut songer à des choses contemporaines, se débarrasser du passé, de la vieille peau... Si j'étais seulement lecteur, au lieu d'être aussi écrivain, je crois que je n'aimerais pas les romans de Modiano.» Il craint d'ennuyer, c'est sa souffrance. Mais Patrick Modiano est bien le seul, après tout, qui ait le droit de se tromper sur Patrick Modiano. On ne peut jamais se fier aux grands écrivains, quand ils cherchent un chemin à côté de leurs livres. Pas plus qu'il ne faut croire votre guide s'il vous indique encore la rue Delaizement, en H5, ou en C3.

«Vivre, a dit un jour René Char, c'est achever un souvenir.» Le mot convenait bien à notre promenade, comme il convient à toute l'œuvre de Modiano. On achève bien les souvenirs. Les tuer ou les compléter, les repousser ou les embellir, quelle différence? Vous vous rappelez sans doute cette histoire, épinglée en 1968 à la première page de son premier roman. C'était pendant la guerre, la dernière, à Paris. Un officier allemand s'approche d'un jeune homme et lui demande avec courtoisie de bien vouloir lui indiquer la Place de l'Étoile. Le jeune homme désigne avec empressement le côté gauche de sa poitrine. Tout Modiano était déjà dans ce malentendu révélateur : la guerre qu'il n'a pas vécue mais qui peuple son imaginaire, baigné de la lumière bleue des couvre-feux; la judaïté qu'il revendique, affiches sanglantes à l'appui; l'obsession machinale d'être en règle, que seuls connaissent vraiment les marginaux de l'état civil, nés «de père inconnu» ou tombés de leur berceau lors d'un incident de frontière, objets criards, peut-être, d'un charitable kidnapping, comment savoir? et peu importe. L'important est que ces gens-là gardent toujours de leurs origines une mémoire fabuleuse, du latin *fabula*, fable. Il faut les croire sur parole.

Depuis *la Place de l'Étoile*, Patrick Modiano écrit chacun de ses romans comme on «délivre», l'expression administrative est belle, ses papiers d'identité. Toute son œuvre – *la Ronde de nuit, les Boulevards de ceinture, Villa triste, Rue des Boutiques obscures* – pourrait porter en titre générique celui qu'il donna à son cinquième récit : *Livret de famille*. Ce titre, écrit-il, lui inspire «un intérêt respectueux comme celui que j'éprouve pour tous les papiers officiels, diplômes, actes notariés, arbres généalogiques, cadastres, parchemins, pedigrees...».

On aurait tort de chercher la moindre trace d'ironie dans cet «intérêt respectueux», dont le poids se devine parfois au bout des phrases : «J'avais dix-sept ans et il ne me restait plus qu'à devenir un écrivain français...» Depuis douze ans, sans répit, Patrick Modiano s'invente toutes sortes d'antécédents sur les pages vacantes de son livret de famille. «On avait laissé en blanc les lignes correspondant à «fils de», pour ne pas entrer dans les méandres de mon état civil. J'ignore en effet où je suis né et quels noms, au juste, portaient mes parents lors de ma naissance.»

JEAN-LOUIS EZINE : Romancier de la nostalgie, de la ligne bleue du temps perdu, c'est peu dire, Patrick Modiano, que vous allez à contre-courant de votre génération, à contretemps, à contre-Mai. Quels sont les mobiles de ce voyeurisme d'ombres ? Réflexe fuyard ou exorcisme de déraciné ?

PATRICK MODIANO : Le grand, l'inévitable sujet romanesque, c'est toujours, de toute manière, le temps : voir Tolstoï, Proust, et tous les autres phares. De toutes les formes d'écriture, la forme romanesque est la plus habilitée à donner l'odeur du temps. Le roman est donc enclin par nature à parler des choses et des gens disparus, à évoquer les ombres du passé. Je ne suis pas à cet égard un cas particulier dans ma génération : celle-ci, n'ayant pas été confrontée aux drames qui ont absorbé les générations précédentes, a davantage le loisir de se pencher sur le passé. Il aurait sans doute suffi de la blessure d'une guerre pour nous obliger à écrire des livres, comment dire... plus directs et forts, moins nostalgiques. La démarche romanesque est sans doute la même, mais nous avons en quelque sorte les mains plus libres. Les accalmies historiques sont propices aux rêves.

ILE : Vous estimez que votre génération est une parenthèse dans l'Histoire ?

PM : Non, mais nous n'avons pas été confrontés à des événements historiques aussi graves que la génération de 14 ou celle de 39. Il en découle que la nôtre produit une littérature un peu plus fluette, moins essentielle peut-être... Hemingway, Céline, Aragon ont eu fort à faire, vous comprenez ? Mai 68, c'est quand même plus fragile que la révolution d'Octobre ou que la guerre d'Espagne, et c'est en somme moins romanesque : on serait bien en peine d'écrire le *Guerre et Paix*, *l'Adieu aux armes*, ou le *Voyage au bout de la nuit* de Mai 68 !

JLE : Vous ne diriez certainement pas de la guerre d'Algérie, contemporaine à «l'action» de *Villa triste*, qu'elle a manqué d'ampleur historique. Cependant elle n'apparaît que dans les lointains de ce roman, et n'est en somme qu'un prétexte de scénariste pour justifier, sans certitude d'ailleurs, la panique du narrateur et sa fuite vers les rivages suisses...

PM : La guerre d'Algérie n'est pas le sujet de *Villa triste*. Elle agit au-dessus du personnage comme une sourde menace, générale mais imprécise, ce qui peut correspondre à la façon dont ma génération l'a ressentie : j'étais en sixième quand la guerre d'Algérie a commencé, et quand je suis arrivé en première on n'en voyait toujours pas la fin.

JLE : Qu'il s'agisse de l'Occupation, ou maintenant des années soixante, la manière dont vous évoquez ces époques que vous n'avez pas ou mal connues est moins le fait d'une rétrospection bien documentée que d'une nostalgie furtive, impressionniste, ambiguë...

PM : C'est la nostalgie de quelqu'un qui se fabrique des souvenirs imaginaires, parce qu'il en a le temps; c'est la nostalgie de quelqu'un qui puise dans cette vie rêvée les ressources qui manquent à la sienne. Mais la lumière voilée de mes livres crée un malentendu : elle ne cherche pas à ressusciter un passé bien précis, elle ne veut être que la coloration du temps. Un peu comme dans certains tableaux de Claude Lorrain, où l'horizon baigne dans une lumière nostalgique. J'essaie simplement de montrer comment le temps passe et recouvre tout, choses et gens, comment la lumière baisse et s'immobilise un instant... L'Occupation, telle que je l'ai décrite, n'a qu'un lointain rapport avec les véritables années quarante. C'est un climat qui rappelle l'Occupation, et qui finit par ne plus tellement lui ressembler. Les années soixante, dans *Villa triste*, sont pareillement imaginaires... Mes romans ne sont pas des reconstitutions à la Cecil B. de Mille.

JLE : Vous fabriquez des illusions ?

PM : Cette odeur du temps passé, elle peut paraître dans mes livres fuligineuse, ténue, immatérielle en somme, mais elle est aussi l'odeur du temps présent : l'époque dans laquelle nous vivons est bien pour quelque chose dans ces créations fragiles, elle appelle ce genre de livres d'apparence gratuite...

JLE : S'agit-il seulement de disserter sur l'odeur du temps ? Orphelin de l'Histoire — c'est vous qui le dites —, vous parlez d'époques qui ne sont pas les vôtres : quelle morbide consolation trouvez-vous à en renifler les ultimes reliefs ?

PM : Comme tous les gens qui n'ont ni terroir ni racines, je suis obsédé par ma préhistoire. Et ma préhistoire, c'est la période trouble et honteuse de l'Occupation : j'ai toujours eu le sentiment, pour d'obscures raisons d'ordre familial, que j'étais né de ce cauchemar. Les lumières crépusculaires de cette époque sont pour moi ce que devait être la Gironde pour Mauriac ou la Normandie pour La Varende : c'est de là que je suis issu. Ce n'est pas l'Occupation historique que j'ai dépeinte dans mes trois premiers romans, c'est la lumière incertaine de mes origines. Cette ambiance où tout se dérobe, où tout semble vaciller...

JLE : Cette poésie de la décomposition qui hante vos romans, ne craignez-vous pas qu'elle vous fasse porter un jour le chapeau mou d'un certain passéisme politique ? Sauf la mode rétro, vous tournez le dos aux préoccupations et aux utopies d'aujourd'hui...

PM : Tout le monde est rétro dans cette génération préservée par l'Histoire, et qui est un peu condamnée au rôle d'épigone. D'autre part, on appartient toujours à sa génération. Ce que d'autres traduisent dans leur activité politique — une certaine insécurité —, je l'investis dans le roman. C'est cela qui est anachronique : pour exprimer les préoccupations des gens de mon âge, ou un peu plus jeunes que moi, la forme romanesque semble de plus en plus périmée. En ce qui me concerne, je peux être victime d'une équivoque supplémentaire : étranger, ou du moins Français de hasard, j'écris dans la langue française la plus classique, non par une insolence droitière, non plus par un goût des effets surannés, mais parce que cette forme est nécessaire à mes romans : pour traduire l'atmosphère trouble, flottante, étrange que je voulais leur donner, il me fallait bien la discipliner dans la langue la plus claire, la plus traditionnelle possible. Sinon, tout se serait éparpillé dans une bouillie confuse. Un visage exotique ne paraît jamais si exotique que lorsqu'il émerge du plus sobre des vêtements... La phrase classique française me permet de souligner et d'ordonner le côté mélangé, cosmopolite, exotique de mon inspiration. A l'inverse d'ailleurs, les écrivains qui utilisent une langue baroque portent en eux un monde toujours très sain et charpenté. Enfin, la littérature pour la littérature, les recherches sur l'écriture, tout ce byzantinisme pour chaires et colloques, ça ne m'intéresse pas : j'écris pour savoir qui je suis, pour me trouver une identité.

JLE : Ceci pourrait expliquer les ambiguïtés, les indécisions de votre écriture, cette manière furtive de dire, qui parfois se rétracte comme dans un mouvement de pudeur. Tout se passe en hésitations feutrées, en gestes velléitaires, et il n'est jusqu'à l'angoisse dont l'expression ne se corrige aussitôt en douceur apaisée...

PM : Oui, cela vient de ce que je suis moi-même un tissu vivant de contradictions et de bâtardise. Mi-Juif mi-Flamand, une moitié de moi-même persécute, dément ou corrige l'autre, dans un jeu antagoniste où tout se mélange et s'interpénètre... Ce va-et-vient perpétuel entre deux parts de moi-même... On n'y passerait pas un rai de lumière franche... Cela donne cette ambiance tamisée, entre chien et loup... En fait, c'est parce que *je ne peux pas* m'expliquer ces contradictions. Je marche sur un fil. C'est exaspérant comme un mauvais rêve.

JLE : Par cet anachronisme que vous entretenez entre vous et vos livres, cherchez-vous à tromper votre destin ?

PM : J'ai toujours regardé en arrière; si j'ai senti, très jeune et de façon aiguë, que le temps finissait par tout ronger, par tout dissoudre, par tout détruire, c'est que j'avais moi-même un profond sentiment d'insécurité. De là cet esprit de fuite... la sensation que tout, toujours, se dérobe.

JLE : Dans *les Mots*, Jean-Paul Sartre dit : « Pour celui-ci l'art est une fuite, pour celui-là un moyen de conquérir. » Pour vous, c'est donc une fuite ?

PM : Non, j'écris justement pour lutter contre cette érosion, pour trouver dans ce sable mouvant un ancrage : cet ancrage, je le trouve précisément dans la langue classique que j'utilise.

JLE : Certains de vos propos me donnent l'impression d'entendre un Scott Fitzgerald s'excuser de ne pas être Hemingway, sous le prétexte qu'il n'est pas fait pour l'action... Et que le monde est à son crépuscule.

PM : Je suis d'ailleurs fasciné par Scott Fitzgerald. Mais la tragédie de la déchéance touche dans ses livres des êtres qui au commencement ont la force et la santé anglo-saxonnes. Gatsby fut d'abord un enfant solide du solide Middle West; Scott Fitzgerald lui-même fut d'abord un bon joueur de football à Princeton. On voit dans son œuvre des colosses se détériorer, ce qui donne à la tragédie plus d'ampleur encore. Dans mes livres tout est miné au départ.

JLE : Mais par quelle malédiction tout ce que touchent vos personnages semble-t-il se décomposer ? Est-ce parce que ces choses n'existent déjà plus, et qu'ils ne sont plus eux-mêmes que des fantômes ?

PM : Oui, ce sont des fétus de paille ballottés dans les tourbillons du temps, débris érodés... Ils sont dérisoires jusqu'au grotesque, et à la limite ce sont des fantoches sans aucun intérêt.

JLE : On pourrait reprendre à leur égard le propos de Paul-Jean Toulet sur « ces gens qui ont la susceptibilité de l'huître; on ne peut y toucher sans qu'ils se contractent ».

PM : On pourrait plus précisément le dire du narrateur de tous mes livres, cette voix incertaine qui dit « je ».

JLE : Ces personnages qui se referment ou disparaissent à la moindre alerte, il ne peut à la limite plus rien leur arriver...

PM : Il ne peut plus rien leur arriver, ils ne sont plus que des feux follets passant dans les ruines de leur ancienne vie. Ils se survivent.

JLE : On leur devine un passé, on ne leur voit pas un destin. Figurants d'une pièce qu'on ne jouerait plus : s'ils sont disponibles, c'est qu'ils ont perdu leur emploi.

PM : Oui, ce sont tous des *has been*. Je les ai choisis ainsi pour qu'ils donnent la mesure du temps.

JLE : Vous écrivez, en somme, des romans blasés...

PM : Oh non, cette obsession du temps est en fait très juvénile. Le scandale diminue à mesure qu'on vieillit, qu'on se bronze.

JLE : En quoi vos personnages vous ressemblent-ils ?

PM : La seule différence entre eux et moi est en ma faveur : j'écris, c'est mon ancrage. Eux, c'est la dérive complète.

JLE : N'avez-vous pas le sentiment que vos derniers romans sont un peu moins réussis, sur le plan littéraire, que *les Boulevards de ceinture* ?

PM : Je ne peux pas me rendre compte : j'ai vraiment le sentiment d'écrire toujours le même livre, depuis le début. Cette impression est liée aux aptitudes réelles des écrivains entre vingt et trente ans : c'est l'âge des choses fragiles, des esquisses, qui peuvent au mieux avoir un certain charme, mais ce sont des œuvres toujours mineures; elles peuvent être très achevées, mais elles sont toujours de l'ordre de l'aquarelle ou du pastel. Je ne fais pas exception. Mais tous les reproches qu'on peut me faire c'est à l'époque qu'il faut les adresser. J'ai écrit des livres indécis, impalpables, comme est indécise et impalpable l'époque que nous traversons. En dépit des parties troubles de mon inspiration, mon cas n'est pas particulier : on est toujours porté par des généralités.

JLE : Avez-vous l'impression d'être à l'adolescence de votre œuvre ?

PM : Non, non, je suis à l'âge des œuvres mineures. C'est d'ailleurs intéressant les œuvres mineures, je n'ai rien contre Victor Segalen. Mais le plus difficile, le plus sérieux reste à faire : atteindre la plénitude. Il me semble que ça vient, mais ça, on ne peut jamais savoir... certains auteurs s'arrêtent d'écrire à trente ans.

JLE : Comment accueillez-vous la célébrité ? Comme un encouragement, comme une menace ?

PM : On ne peut pas parler de célébrité alors que l'audience des romanciers de notre génération se limite aux *happy few*. La célébrité romanesque existait au XIXe siècle, et si elle a allumé encore quelques feux superbes entre les deux guerres, elle s'est dérobée depuis avec une constance qui force l'explication : il n'y a rien de plus anachronique aujourd'hui que le roman. C'est un art très rétro finalement... et qui aura paradoxalement connu sa plus forte audience quand il était considéré comme un genre mineur ou même «vulgaire». En 1933, je suppose que tous les étudiants du Quartier Latin avaient fait de *la Condition humaine* leur livre de chevet. Il est exclu qu'un roman puisse être aujourd'hui le livre de chevet des jeunes lecteurs.

JLE : N'y a-t-il pas une contradiction dans vos propos ? Comment un instrument aussi désuet pourrait-il encore traduire la sensibilité moderne ?

PM : La littérature est depuis quelques années aux mains des universitaires — presque tous les jeunes «romanciers» en sont, d'ailleurs — et je pense, contrairement à eux, que la netteté classique est encore la plus apte à exprimer notre temps, précisément parce que des courants confus et abâtardis le traversent. Les nouveaux romanciers américains, par exemple, toujours en pointe par rapport aux Français, écrivent une langue parfaitement classique.

Il n'y a pas vraiment contradiction. Faute d'audience, faut de pouvoir s'adapter au rythme du monde moderne, il y a simplement le fait que le roman ne peut plus, à mon sens, déterminer ou orienter la sensibilité commune, comme il pouvait encore le faire au début de ce siècle. Bousculé par le cinéma et les moyens d'expression modernes, l'influence du roman est plus sournoise et réduite qu'au temps où il était interdit dans les pensionnats...

J.-L. Ezine : *Les Ecrivains sur la sellette.*
Paris : © Editions du Seuil 1981 : 16—26.

3. Auszüge aus Rezensionen des Romans

3.1 *Dominique Noguez*

Beaucoup d'ombre et peu de lumière dans le clair-obscur de cette *Ronde de Nuit*. Pénombre des cauchemars. Cela tourne de nuit en nuit et s'arrête comme un rêve : brusquement, une seconde avant la catastrophe. On ne meurt jamais dans les cauchemars. Donc : ronde. Faces grimaçantes que l'on identifie (car le vertige est lent) avant même le deuxième tour : trafiquants de marché noir, escrocs, faux flics, demi-mondaines, tortionnaires, tous collabos, profiteurs à la sauvette dans un monde qui tourne soudain trop vite. (Et ronde inverse, archangélique, de résistants baroudeurs et purs.) Paris de l'occupation, bateau fou, Paris du XVIᵉ arrondissement, côté place de l'Etoile (lieu clef décidément de la géographie modianienne). Le deuxième tour de ce long tournis nocturne commence évangéliquement : *En ce temps-là* (p. 93). En ce temps-là traînait un adolescent pâle, vaporeusement vide, à tête de criminel très bon ou de saint lucide, et son nom, les soirs où il ne se travestissait pas en évanescente princesse de Lamballe, était Judas. Précoce sans doute, très Radiguet dostoïevskien, salaud sartresque qui saurait s'habiller et se parfumerait un peu, esthète triste et doux avec du sang sur les mains, comme on aimerait être certains soirs d'été quand la journée a été chaude. Personnage médian, double sans duplicité, entre le chien et loup du malaise, sur cette arête très coupante où le voluptueux rejoint l'intolérable. Tout cela pris dans la place du demi-sommeil.

D. Noguez : «Modiano : ‹La Ronde de nuit›. »
Nouvelle Revue Française 35 (1970) : 294 f.

3.2 Camille Bourniquel

S'il est né, comme on nous le dit dans le prière d'insérer, en 1947, il est bien évident qu'il n'a pas connu la guerre, l'occupation, mais que certes son enfance a dû être bercée par les récits qu'il a pu capter à travers des témoins directs qui ont participé à l'aventure. Les épopées pèsent d'un poids trop lourd sur une jeunesse qui n'y a pas eu de part et ne rêve que de prendre ses distances. Ce fut le scandale de Radiguet inscrivant au revers de l'héroïsme et de la grandiloquence patriotarde l'aventure de son jeune héros. La démythification, chez Patrick Modiano, se fonde sur des données beaucoup plus imaginaires. Mais d'autres témoins, qui ont connu ce *drôle de jeu* qui se jouait entre la Résistance et les pantins grotesques de la Gestapo française, récuseraient-ils entièrement certains aspects aberrants de cette lutte aveugle ? Moins par veulerie que par souci de gratuité, de transparence, le héros du livre sera donc une sorte d'agent double, ni traître, ni héros, tiraillé entre la délation et le martyre, mais dont on a déjà compris que l'hésitation est une forme de défense puérile d'un être cerné de toutes parts par le néant et l'absence de signification des êtres qui l'entourent et de leurs mobiles. Son non-engagement prend assez vite l'apparence d'un suicide lucide. Par jeu, par perversité, par indifférence, il retournera ce jeu contre soi en se désignant comme le chef du réseau adverse dans les deux camps, ce qui lui vaudra d'être liquidé à la fois en tant que traître et en tant que héros.

Patrick Modiano a donné à ce récit amoral et mélancolique les dimensions d'une fable construite avec une singulière rigueur. Que les jeunes en se tournant vers ce passé, pour nous encore proche, soient surtout frappés par toute cette atmosphère de farce tragique rangée sous la loi du hasard et de l'improvisation, qui s'en étonnerait? Cette ronde de sinistres funambules est-elle si différente de la réalité?

C. Bourniquel: «Modiano: ‹La Ronde de nuit›.»
Esprit 37/12 (1969): 930f.

3.3 Jean-Marie Magnan

Dans *la Place de l'Etoile,* son premier roman, Patrick Modiano nous faisait vivre le drame de la double appartenance et illustrait le tourment de ceux qui relèvent de deux communautés, de deux races, de confessions distinctes. Dans les époques troublées, quand les camps s'opposent et les sollicitent tour à tour, ne vont-ils pas être tentés de jouer sur les deux tableaux, de renier la part d'eux-mêmes condamnée au bénéfice de celle qui peut lui servir d'alibi et lui permettre de survivre en fraude et sous le couvert?

Le drame de Rafaël Schlemilovitch, demi-Juif, résidait dans cette atroce vanité de savoir qu'il y a vingt-cinq ans, dans le Paris de l'occupation, l'un de ses sangs vouait l'autre au supplice et à la mort, alors que plus rien aujourd'hui ne les oppose, et au moins en apparence, ne les empêche de vivre en bonne harmonie. Sauf cette mémoire plus vieille que lui, (né seulement en 1947), la furieuse reconstitution de l'imaginaire et du souvenir, un compte ressassé comme un défi, contre l'absurde, contre l'oubli.

Lamballe ou Princesse de Lamballe pour les membres du R.C.O. (Réseau des Chevaliers de l'Ombre), premier embryon des futurs groupes de résistance, Swing Troubadour, parmi la bande de malfaiteurs au service de l'occupant, le héros de *la Ronde de Nuit* est un agent double, un traître de petite envergure. Moins tragique que Rafaël Schlemilovitch, que son sang juif et aryen divisait contre soi, Lamballe ou Swing Troubadour, ballotté entre les héros et les gangsters mais surtout entre deux clans opposés — car il ne rentre dans les raisons ni des uns ni des autres — apparaît plutôt comme un être sans appartenance, vivant en marge : un garçon passif, sans vocation particulière, influençable, un de ces innombrables garçons non définis, à qui la société envoie un jour ou l'autre ses sergents recruteurs, qui en feront des héros ou des salauds, c'est selon *« Le plus curieux avec les garçons de mon espèce : ils peuvent aussi bien finir au Panthéon qu'au cimetière de Thiais, carré des fusillés ».* Les idées rares et extrêmement banales. Nous voici loin de l'insolence et du cynisme de François Sanders, le héros de Roger Nimier, de sa superbe et de son goût du paradoxe considéré comme un jeu supérieur qui le conduisait de la Résistance à la Milice et aux Forces Françaises Libres. Loin également de Riton, le héros de *Pompes Funèbres* de Jean Genet, petit voyou mourant de faim qui rentrait dans la Milice pour échapper à une effroyable misère mais surtout pour se retrouver métamorphosé en son propre ennemi : le policier, et permettre au poète d'atteindre à ce haut sommet, ce point culminant dans le monde du Mal. Lamballe-Swing Troubadour a horreur des idées. Car ce sont celles des autres, contradictoires, antagonistes, qui le harcèlent, le terrifient et le sacrifieront le jour venu. Il n'y comprend rien. Il n'y veut rien comprendre. Il sait seulement qu'elles finiront par avoir sa peau. Du bruit mais tuant, ce qu'il n'a garde d'oublier.

Le seul sentiment profond, impérieux, enfantin qu'il éprouve au milieu des pressions contradictoires que lui font subir des maniaques et autres forcenés : la peur. Il crève littéralement de peur. *« Les seuls sentiments qui m'animent sont la Panique (à cause de quoi je commettrai mille lâchetés) et la Pitié envers mes semblables : si leurs grimaces m'effraient, je les trouve quand même bien émouvants ».* Le plus sûr exorcisme contre la panique, contre l'époque, la présence d'un très vieux couple curieusement le lui fournit. Un géant roux et aveugle, Coco Lacour, mordillant un cigare, une toute petite vieille ou toute petite fille, Esmeralda qui fait des bulles de savon. Ces deux êtres les plus démunis de la terre, il les aime exclusivement. Misérables. Infirmes. Débiles. Muets surtout. Bientôt, il se convainc par une étrange intuition ou par quelque idée délirante — comme l'on voudra — que tous les hommes, mêmes les plus terribles, les plus despotiques, finissent tôt ou tard par leur ressembler, par n'être plus différents en rien de Coco Latour et de Esmeralda : *« Des infirmes qu'il faudrait protéger — ou tuer pour leur rendre service ».* Les rois, les foudres de guerre, les grands hommes, deviennent, sous ses yeux, des enfants malades. Tiraillé de tous les côtés, dans l'incapacité absolue de prendre parti, Lamballe-Swing Troubadour, cette girouette, ce pantin, qui ne veut mécontenter personne et complaire à tous et à chacun, traverse donc les *ténèbres maléfiques* en compagnie de son couple inoffensif et n'aime les autres qu'à la minute où il peut les voir aussi inoffensifs que Coco Lacour et qu'Esmeralda. Alors, il dépasse la panique qu'ils lui inspirent à l'ordinaire, il éprouve pour eux, pour la majorité des hommes, *« une pitié maternelle et désolée »*. Il s'attendrit sur la peur de ceux qu'il trahit. Mais il n'aime pas beaucoup leur héroïsme, il se durcit sous leurs regards chargés de mépris, reflétant leurs belles convictions, leur choix d'hommes. Les idéaux séparent, rendent moins vulnérables, empêchent le dénuement final. Et Coco Latour et Esmeralda (le seul recours) n'ont alors jamais existé.

Moins déployé que *la Place de l'Etoile, la Ronde de Nuit*, ne se joue plus des slogans contradictoires, des dogmes ou des dialectiques opposés, mais cherche plutôt à passer à travers eux, à se glisser entre, pour échapper à leurs dramatiques conséquences, avec le caractère espiègle, la souplesse, puis la panique d'un enfant qui ne deviendra pas un homme. Que l'on se souvienne dans *la Place de l'Etoile* : *« Trop sérieux, les hommes. Trop absorbés par leurs belles abstractions, leurs vocations »*. L'insolence s'y montrait alors toute tendue vers le *dégagement*. Elle visait à se détacher de son angoisse et à rejoindre cette *indifférence passionnée*, chère à Roger Nimier, mais avec un risque fort accru chez Modiano de le laisser à l'improviste submerger. La parade foraine où il exhibait sous forme de marionnettes et de tableaux vivants, ses mythes, les archétypes juifs et aryens de sa légende sanglante, mais parodiés, prostitués, cabotins féroces et tapageurs de baraque poussiéreuse, aboutissait peu à peu à cette longue prière de l'absurde qu'il composait en mêlant tous les hymnes des tueurs et des martyrs, tous les chants de la haine et de la pitié — déchirant pot-pourri.

Aujourd'hui, Patrick Modiano, par le truchement de son héros, nous rend sensible cette blessure, cette enfance des grandes personnes, comme un air que ferait entendre la boîte à musique en quoi se transforme chaque homme avant de mourir. *« Vous, mon petit gars, ce sera le bruit d'une poubelle que l'on envoie dinguer la nuit dans un terrain vague »*. Il truffe son texte de chansons d'époque. Et l'air de Swing Troubadour nous poursuit plus que les crânes *« Salut, César, ceux qui vont mourir te saluent »* de tant de gladiateurs. Réapparition du lied au milieu des docteurs.

J.-M. Magnan : « Ténèbres maléfiques ». *Quinzaine littéraire* 82 (1ᵉʳ novembre 1969) : 6–7.

4. Texte zeitgenössischer Autoren

4.1 Drieu La Rochelle : L'Agent double

«On ne sait jamais comment rien commence, n'est-ce pas? Déjà au gymnase... Je remarque que vous êtes pressés.

Donc, à dix-huit ans, des camarades m'entraînèrent un soir dans une réunion clandestine. Là, personne de bien fascinant; mais il y avait cette soudaine puissance qui jaillit d'un cercle d'hommes; elle m'a toujours saisi. Quand des hommes regardent tous ensemble un point dans l'espace, voient quelque chose, un émoi irrésistible me prend. Le sang me monte à la tête; il dissout, il chasse l'indifférence qui m'est naturelle. Je suis conquis à leur joie d'une minute.

L'homme qui parlait dans cette chambre quelconque s'arrêta brusquement. Il était assis sur le lit, entouré par ces hommes qui étaient entrés brusquement en disant : «Nous te tenons.» L'un d'eux avait posé un revolver sur la table de nuit, à côté de la montre. Ils s'étaient tous assis et l'écoutaient froidement. Il reprit presque aussitôt :

Les idées ne me touchent-elles pas? Si, les idées me touchent. Elles me touchent terriblement. Les idées des hommes, ces dieux magnifiques sortis de leurs veines, ces vapeurs de sang.

Bref, le soir même, je m'approchais de l'homme qui avait parlé et qui me semblait un chef et, pour lui prouver mon amour − et être aimé de lui − je lui dis : «Je suis communiste. Comptez sur moi. Demandez-moi ce que vous voudrez.» Il y avait une telle lascivité dans mes paroles qu'il me regarda de travers. Qu'il eût de la pénétration ou non, il soupçonna quelque chose qui lui échappait dans mon excitation. Il secoua la tête et grommela un mot de mécontentement.

Cependant on me mit à l'épreuve et l'on ne put douter bientôt de mon courage, de mon dévouement. On me voyait partout au premier rang. J'étais entré avec une promptitude extrême dans les idées qu'on me proposait, et j'allais loin dans leurs conséquences. Je pensais vite, j'avais le goût de l'enchaînement dans la pensée. De plus je parlais, et en parlant ma pensée se développait, s'achevait. On m'écoutait.

Je parlais trop bien, j'allais trop loin. Certains sentaient un vertige à me suivre dans des raisonnements qui aboutissaient à un absolu, bien proche du néant. Par exemple, je démontrais la communauté des femmes comme nécessaire pour étouffer le germe de la propriété. Je sentis plusieurs fois le regard de celui qui m'avait soupçonné le premier jour et qui secouait la tête.

Cependant, mon activité ne se ralentissait pas et, un beau jour, je fus arrêté par l'Okhrana. Je passai quelques mois en prison. J'avais déjà souffert pour la cause; mais la souffrance de solitude me ravagea. Ces quelques mois de prison eurent l'effet que voici : il me sembla que dans ma vie était tombée pour toujours une goutte de décrépitude. Quand ensuite je connus les femmes, je fus presque rattaché à la vie; mais il y avait toujours un moment où je les regardais d'un œil lointain, comme à travers des barreaux.

Au sortir de la prison, j'avais retrouvé mes camarades et je les avais regardés aussi avec ce regard lointain. Pourtant, je repris la tâche, comme si de rien n'était.

Un autre changement s'était produit dans mon esprit à la prison : cela concernait les livres. Entre quatorze et dix-huit ans, j'avais aimé tous les livres. Chacun m'illuminait de son rayon. Et je passais d'une opinion à l'autre sans m'arrêter, comme d'une péripétie à une autre dans un seul rêve. Depuis que j'étais communiste, il y avait eu une longue période où je m'étais absorbé dans l'étude de la doctrine. Je ne lisais plus les visionnaires de la politique de droite, ni les sceptiques — sceptiques de la politique en général — ni les mystiques. Mais enfin, en prison j'y étais revenu. J'avais retrouvé la séduction d'antan, mais, me flatté-je, elle ne me gagnait plus au fond. « C'est leur talent, me disais-je, qui me captive un instant. Ils ne peuvent prévaloir contre le fondement que je me suis trouvé. »

Cependant, un jour, dans une de nos réunions quelqu'un parla avec insistance d'une certaine organisation de tzaristes extrêmes qui prenait de l'influence. L'idée me vint d'en juger par moi-même. J'étais choqué par le fait que tous mes camarades qui exprimaient à ce moment leur haine contre ces furieux de l'autre bord supportaient avec une tranquille aisance d'ignorer complètement leur être.

Je commençai à réfléchir sur le moyen de connaître ces adversaires si lointains et si proches, que sans doute je coudoyais tous les jours dans la rue. Je fis preuve aussitôt d'une habileté surprenante dont je ne pris conscience que plus tard. Ce ne fut pas long pour moi, grâce à des camaraderies nouvelles, de m'introduire dans une réunion des « Cent-Noirs ». Je fus ahuri qu'on m'eût laissé entrer avec la plus grande facilité dans ce conciliabule assez intime; je ne pensai pas que mes paroles infiniment souples avaient été pour beaucoup dans cette facilité.

Il y avait là un homme qui parla comme un maître écouté. C'était un pope. Visiblement sorti du peuple, il maniait tant bien que mal une culture sordide et mélangée, où l'enseignement du séminaire s'embrouillait de certaines lectures modernes, assez inattendues. Mais il avait une éloquence rocailleuse. Il faisait soudain jaillir le feu.

Je sentis aussitôt les étincelles sur ma peau, et tout un monde enseveli tressaillir.

Un moment plus tard, avec effarement, je constatai non plus un émoi lent mais, prompte et universelle, une foudre de révélation. Je regardai autour de moi tous ces visages que je pensais haïr. Ils me paraissaient encore laids, détestables. Et pourtant quelque chose les éclairait, les sacrait.

Je me sentis assez près d'eux pour avoir honte de ma supercherie. Et je m'enfuis aussitôt que possible en témoignant une soudaine froideur qui les inquiéta. J'errai dans les rues, bouleversé. Je sentais tout vaciller en moi. J'eus un pressentiment obscur de ma perte.

Le lendemain, j'étais de nouveau parmi mes camarades communistes.

Je les regardai avec des yeux deux fois plus lointains qu'au sortir de la prison. Mais en même temps avec une curiosité intense comme si je les voyais pour la première fois. Je touchais le bras de l'un, de l'autre, avec étonnement et joie.

On discuta. Je me montrai un critique hargneux, mordant. Toutes les opinions de détail, je les détruisais les unes après les autres. Si bien que des camarades, sentant le terrain se dérober, m'imploraient avec des yeux éperdus. D'autres se mirent en colère, murmurèrent contre mon caractère. A la fin, je vis le mal que je faisais et me tus.

Je parlais moins souvent, j'écoutais. Et le poison se distillait dans mon esprit. Je ne m'en pris plus jamais aux opinions de détail, mais toutes les grandes idées dont j'avais si passionnément goûté la vitalité s'alanguissaient. N'avaient-elles point des sœurs nées de la même terre et qui valaient pour le moins autant qu'elles ?

Je continuai pourtant à travailler avec une régularité acharnée pour le parti. Mes bons services s'accumulaient comme un monceau de chaînes. En même temps, à mes moments perdus, je cédais sans combat à la curiosité charnelle qui m'attirait vers nos ennemis.

Je lisais avec une volupté vorace Dostoïevski, la Bible, Rozanov. J'entrai dans les églises. Je me gorgeai de musiques sacrées, d'ombres, d'encens, d'or sur les dalmatiques. Je me nourrissais de toute cette beauté. Je convoitais, enfin, des femmes qui étaient des bourgeoises ou des nobles, pieuses, féroces.

Je revenais épuisé de sensations et de convoitises vers nos chambres nues, nos pauvres vestons, la chaleur modeste de nos cœurs, l'autorité de nos épures sociales.

L'alternance s'installa en moi.

*

Cela aurait pu durer longtemps.

Mais un jour, dans une église, je rencontrai le pope. Il était jeune, fort, sale. Il y avait en lui une virilité populaire et dans ses yeux une vision. Oh, cette vision, cette vision si simple, si fraîche. Il pouvait voir des choses sacrées, des choses de chair et d'or : un dieu supplicié, un empereur en gloire.

A peine devina-t-il quelque chose dans mon âme que je la lui ouvris. De nouveau, ce sentiment que j'avais eu avec le chef communiste : je voulais aimer, être aimé. J'étais fasciné par ce nouvel amour que je découvrais, qui régnait dans un autre quartier de l'univers. Le péché va partout.

Longtemps, j'écoutais cet homme seul qui me parla dans son petit bureau sordide où il y avait quelques livres, des icônes et une assiette souillée. Il me faisait entrer dans son ardeur, dans son dévouement, dans son fanatisme.

Il en vint à sa haine. Il me parla de mes amis, du mal qu'ils portaient, qu'ils faisaient. Ses yeux s'agrandissaient. De bleus, ils devenaient presque blancs. Comme le ciel vous savez quand on est en avion. Ce n'est plus le ciel qu'on voit de la terre; c'est le ciel au milieu duquel on est, dont on est. Il blêmissait, il tremblait. Sa bouche et ses mains se rapprochaient de ma bouche et de mes mains. Ses mains s'emparèrent de mes mains.

Il s'arrêta une minute, une pleine minute. Puis il me dit solennellement, de sa voix de basse :

«Le monde peut s'écrouler. Le démon est puissant. Dieu ne peut pas mourir, mais sa création peut mourir dans ses mains. Dieu ne peut pas souffrir. Mais le Christ peut être humilié comme il ne l'a pas encore été. Il faut que nous venions à son secours. Il n'a que nous. C'est à nous de retenir le monde. »

Une magie intense parcourut mes nerfs. Une responsabilité infinie me galvanisa. J'avais compris. Je m'écriai :

— Je ferai ce que vous voudrez.

Et je me jetai à ses pieds. C'est ainsi que je suis devenu un débauché de l'esprit.

*

C'est ainsi que je suis devenu espion.

Le pope avait compris comment il pouvait m'utiliser, dans quel plan subtil il fallait insérer mon service qui ne pouvait être que délicat. Il m'annonça bientôt que je devais aller en Sibérie.

Je fus arrêté par la police, jeté en prison, expédié avec un convoi. Quelques semaines plus tard, je vivais dans la plus intime pensée des grands chefs exilés.

Les trahissant, je pus aimer de nouveau et apprécier les communistes. Je me réaccordai non point avec la pensée, mais avec la vie des communistes, celle de ce temps-là.

Dès lors, je pouvais vivre entièrement dans deux univers. Je passais de l'un à l'autre sans gêne ni bafouillage; je glissais en une seconde de l'un dans l'autre − la vie des communistes, la pensée des orthodoxes.

J'étais bigame, j'avais deux amours. L'âme peut être entièrement séparée d'avec elle-même. Je servais Dieu et le Démon. Car je servais aussi le Démon. Dès le début, je trahissais autant le pope pour vous que je vous trahissais pour lui. Vous savez très bien que j'ai rendu des services énormes à votre cause, vous, mes ennemis, de cette dernière heure. Mes rapports secrets au comité central ont été aussi féconds que mes mémoires au Saint-Synode.

En fait, à cette époque-là, pour ce qui est de l'immédiat, ils l'ont été plus. Il fallait bien que des deux causes que je servais l'une, pour un temps, fût plus forte que l'autre. C'est donc celle apparemment que j'ai le mieux fécondée.

Mais rien n'est jamais perdu, en vérité, je vous le dis. Rien ne se perd de l'énergie spirituelle, mais rien non plus ne se perd de la forme même d'aucune pensée. J'ai retrouvé chez des Allemands, chez des Américains mot pour mot tout ce que je déclarais dans ces petits cahiers de deux sous que je jetais aux arcanes de l'Orthodoxie.

Avec mon goût et ma puissance d'entrer dans les conséquences des idées, j'ai prédit, j'ai prévenu. J'ai libéralement répandu ma double science. Les réactionnaires en ont profité comme les révolution- naires. Je ne sais pas ce que sont devenus mes cahiers de deux sous. On me dit qu'ils n'ont pas été perdus et qu'un prince radoteur, chauffeur de taxis, les a colportés dans les deux mondes. Peu importe. Ce qui a été pensé une fois sera pensé encore. Si cela a pu être, cela peut être encore. Tout est éternel.

L'un des ennemis ricana. L'homme sursauta. Il cria d'une voix aiguë:

Ce que vous prenez pour la vanité louche de l'homme de lettres, c'est l'orgueil profond de la Sibylle, artiste des artistes, qui sait bien pourquoi tout ce qui sort d'elle est ambigu. *Aussitôt il reprit avec une tranquillité sarcastique:*

Mais venons-en à ce qui vous intéresse davantage.

*

Pendant la guerre, j'ai été soldat. J'ai été heureux: je servais. Qui? Le Tzar? Peut-être. La Sainte Orthodoxie? Voire. La Russie? Oui.

Me direz-vous aujourd'hui comme vous m'auriez dit il y a dix ans que «la Russie, cela ne veut rien dire, un pays, ce n'est rien, une glèbe indistincte, ou bien une cause. La Russie, c'est le Tzar *ou* le

103

Communisme ». Mais non, moi je vous réponds avec toute l'expérience de ma vie; oui, l'expérience de ma vie et de la vôtre. « La Russie, c'est le Tzar *et* le Communisme, c'est bien autre chose encore. » La Russie, c'est moi. Elle et moi, nous dépassons immensément tous les moments, tous les aspects. Vous dites que je suis double, mais non je suis immense...

Ne nous égarons pas. Je vais lentement, comme si j'avais peur. Prenez ce revolver, j'irai peut-être plus vite. Je me demande pourquoi vous m'écoutez. Seriez-vous curieux par hasard ? Ou bien vous reconnaîtriez-vous pour la première fois tout entiers dans ce double miroir que je vous tends ? Russes parce que communistes, mais aussi communistes parce que Russes. Une révolution ce n'est que la chair du peuple qui la fait. Et vous reconnaîtrez avant longtemps que l'orthodoxie, c'est aussi la chair du peuple russe. Le XXe siècle ne finira pas sans voir d'étranges réconciliations.

Donc, en 1918, j'étais à Mourmansk occupé par les Alliés. Agent secret, de nouveau, des Blancs et des Rouges, m'occupant des affaires de tous les Russes. Un jour, j'appris l'arrivée de l'homme que vous êtes venus venger. Il est bien que je meure sur cette histoire, car elle est la plus délicate de toutes celles qui se sont nouées et dénouées entre mes mains, entre mes deux mains, la droite et la gauche.

Pourquoi la plus délicate ? Cet homme qui était tombé entre mes mains, je l'ai aimé, admiré. Encore un. Ah dans ma vie, j'ai aimé, beaucoup aimé. « C'est ce qui vous a perdu », dirait un imbécile. Mais pour les hommes comme moi, la perte et le salut, c'est la même chose.

Ce Français, cet étranger qui parlait si mal le russe et guère mieux l'allemand, j'avais senti dès la première minute tout ce qu'il y avait de précieux en lui. Je m'y connais, je sais ce que c'est qu'un chef. Dans les deux camps, c'est la même race. Je parle de ces camps où l'on peut connaître la race des chefs : communiste ou fasciste. Je ne parle pas de ce monde interlope des démocrates, où règnent les cantatrices à moustaches, toujours prêtes à donner leur démission, à déposer le fardeau.

Lehalleur était un chef. A vingt-cinq ans, c'était décidé. Il avait la concentration, faculté essentielle. Il ramenait tout le problème mondial sur chaque minute de sa vie individuelle. Chaque minute de sa vie comptait. Il savait que seulement par le couloir de sa destinée pouvait passer la foule des possibles. L'Histoire se passe entre quelques personnes. Il y a un seul théâtre, peu de protagonistes; on ne voit même pas les figurants. C'est aussi pourquoi je suis content d'avoir renoncé à ma dignité.

Lehalleur était pressé de trouver cet embarquement clandestin pour l'Europe qu'il était venu chercher dans ce port perdu qui était alors un des défilés du monde, à l'entrée duquel je veillais, cerbère, avec toutes mes têtes. Débarqué en France — dans cette France de 1918 dont nous nous exagérions la violence mais qui enfin ne s'était pas encore endormie — débarqué avec cet avantage unique alors en Europe pour un homme politique, cette connaisance de la nouvelle Russie, avec son génie d'éloquence, son besoin du risque immédiat et épuisant, sa promptitude de tactique, il pouvait frapper un grand coup. Je crois aux grands hommes, si vous voulez. Je dis : si vous voulez, parce que Dieu sait que dans le quotidien, en dehors de leur fonction, ils ne sont guère évidents. Celui-ci avait des côtés de vanité, des tics de culture européenne bien méprisables. Mais il était si jeune. C'était le génie vierge — ignare sur plus d'un point, mais éblouissant trois fois par jour.

Je passai des heures avec lui. Il me regardait parfois de travers, par pressentiment plutôt que par méfiance. Mais depuis longtemps, il était impossible de former sur moi une pensée décisive. Est-ce qu'on juge la terre qu'on a sous les pieds ? La sainte terre sans limites qui nourrit le sang des hommes, des guerriers. Il ne pouvait pas me craindre plus que toute cette Russie qui lui était si étrangère, qui pesait si lourdement sur ses épaules nerveuses et dont il rapportait dans son pays le message brut.

Nous attendions un certain bateau qui devait l'emmener. Ce bateau, je n'avais qu'un mot à dire pour qu'il fût coulé, dès qu'il aurait pris le large. Je regardai avec admiration et tendresse ma proie dans mes mains. Ce génie, cette destinée, toute une pente de l'univers.

Est-ce que j'hésitai ? Je n'ai jamais hésité, ni douté. J'ai toujours cru à tout. Dieu et le Démon, je les confonds dans mon cœur.

S'il était dans mes mains, c'était qu'il devait périr. Mon devoir fut alors de trahir plus souvent ceux qui étaient sous ma main, les rouges avec qui j'ai toujours vécu. Je préfère la pensée blanche, mais je n'ai jamais pu vivre qu'avec les rouges. Je suis un homme avec Karl Marx dans sa poche, et dans le cœur je ne sais quel obscur mot d'ordre russe.

Quand je vis Lehalleur pour la première fois, une puissante commisération étendit mes mains vers lui. Je bénis ma victime. Ainsi donc cette grande destinée comme tant d'autres devait être tranchée, dans ses premiers fils. Peu de grands hommes arrivent à leur haute période. J'étais habitué à la prodigalité du sang. Mais je n'ai jamais souffert dans mon cœur personnel comme devant le cas Lehalleur.

Sur cette planète de massacres et d'incendies, de guet-apens sordides et de ratages à un cheveu près, j'ai eu mon heure d'agonie la plus atroce. Sur le jardin des Oliviers, ils étaient deux à suer, Jésus et Judas.

J'ai fait des prodiges pour masquer l'avenir et remplacer dans le cœur de ce jeune supplicié tous les zélateurs qu'il allait manquer. Quand le bateau signalé par moi aux avisos blancs s'éloigna du quai, mieux qu'une foule je lui donnai en un regard et un cri le sentiment qu'il était consacré par l'attente du monde.

*

L'homme s'arrêta de parler et défia de son regard ardent tous ceux qui étaient autour de lui et dont l'attention froide avait peu à peu fait place à une sorte de torpeur.

Il reprit doucement :

Eh bien, je crois que j'ai assez parlé. Je croyais mourir sans jamais parler à personne. Le bourreau est après tout le meilleur confesseur.

Tuez-moi, je suis votre plus grand ennemi. Je ne suis pas votre ennemi de classe, comme pourraient dire ceux d'entre vous qui sont des imbéciles ou des hypocrites, ou votre ennemi de parti. Je suis l'ennemi de votre fonction, de la politique. Je me meus dans un ordre de problèmes qui n'est pas le vôtre, dans un labyrinthe où vous n'avez jamais mis les pieds. Je suis avec les femmes, les enfants, les vieillards, les animaux, les plantes contre vos spécifications. Je ne suis pas dans la société, je suis dans la nature. Je suis l'instrument des saisons. Et voici venir la saison qui me justifie, où se réconcilient la Sainte Patrie et le Communisme. Je puis mourir. Maintenant que vous me ressemblez tout à fait, vous pouvez me tuer.

Pourtant, j'ai bien aimé ce que j'ai rêvé par toute mon action : j'ai aimé les idées, toutes les idées des hommes. J'ai caressé avec la main étonnée et reconnaissante d'un père le mythe du prolétariat et celui du Tzar. Déchiré par mes frères, je n'ai été étranger à aucun.

Peut-être aurais-je dû être pope et chaque matin offrir le pain et le vin où un dieu meurt et renaît.

Enfin, tuez-moi. Je suis éternel. »

Il se tut.

*

Les hommes dans la chambre s'ébrouèrent. Celui qui était leur chef se leva et prit le revolver qu'il porta vers le ventre de ce terrible brouillon :

« Tu es un chien. »

P. Drieu La Rochelle : *Histoires déplaisantes.* Paris : Gallimard 1963 : 111—122.

Jamais nous n'avons été plus libres que sous l'occupation allemande. Nous avions perdu tous nos droits et d'abord celui de parler;
on nous insultait en face chaque jour et il fallait nous taire; on nous
déportait en masse, comme travailleurs, comme Juifs, comme prison-
niers politiques; partout sur les murs, dans les journaux, sur l'écran,
nous retrouvions cet immonde et fade visage que nos oppresseurs
voulaient nous donner de nous-mêmes : à cause de tout cela nous
étions libres. Puisque le venin nazi se glissait jusque dans notre
pensée, chaque pensée juste était une conquête; puisqu'une police
toute-puissante cherchait à nous contraindre au silence, chaque
parole devenait précieuse comme une déclaration de principe; puisque nous étions traqués, chacun de nos gestes avait le poids d'un
engagement. Les circonstances souvent atroces de notre combat nous
mettaient enfin à même de vivre, sans fard et sans voile, cette
situation déchirée, insoutenable qu'on appelle la condition humaine.
L'exil, la captivité, la mort surtout que l'on masque habilement dans
les époques heureuses, nous en faisions les objets perpétuels de nos
soucis, nous apprenions que ce ne sont pas des accidents évitables, ni
même des menaces constantes mais extérieures : il fallait y voir notre
lot, notre destin, la source profonde de notre réalité d'homme; à
chaque seconde nous vivions dans sa plénitude le sens de cette petite
phrase banale : «Tous les hommes sont mortels.» Et le choix que
chacun faisait de lui-même était authentique puisqu'il se faisait en
présence de la mort, puisqu'il aurait toujours pu s'exprimer sous la
forme «Plutôt la mort que...». Et je ne parle pas ici de cette élite
que furent les vrais Résistants, mais de tous les Français qui, à toute
heure du jour et de la nuit, pendant quatre ans, ont dit *non.* La
cruauté même de l'ennemi nous poussait jusqu'aux extrémités de
notre condition en nous contraignant à nous poser ces questions
qu'on élude dans la paix : tous ceux d'entre nous — et quel Français
ne fut une fois ou l'autre dans ce cas? — qui connaissaient quelques
détails intéressant la Résistance se demandaient avec angoisse : «Si on
me torture, tiendrai-je le coup?» Ainsi la question même de la liberté
était posée et nous étions au bord de la connaissance la plus profonde
que l'homme peut avoir de lui-même. Car le secret d'un homme, ce
n'est pas son complexe d'Œdipe ou d'infériorité, c'est la limite même
de sa liberté, c'est son pouvoir de résistance aux supplices et à la
mort. A ceux qui eurent une activité clandestine, les circonstances de
leur lutte apportaient une expérience nouvelle : ils ne combattaient
pas au grand jour, comme des soldats; traqués dans la solitude,

arrêtés dans la solitude, c'est dans le délaissement, dans le dénuement le plus complet qu'ils résistaient aux tortures : seuls et nus devant des bourreaux bien rasés, bien nourris, bien vêtus qui se moquaient de leur chair misérable et à qui une conscience satisfaite, une puissance sociale démesurée donnaient toutes les apparences d'avoir raison. Pourtant, au plus profond de cette solitude, c'étaient les autres, tous les autres, tous les camarades de résistance qu'ils défendaient; un seul mot suffisait pour provoquer dix, cent arrestations. Cette responsabilité totale dans la solitude totale, n'est-ce pas le dévoilement même de notre liberté? Ce délaissement, cette solitude, ce risque énorme étaient les mêmes pour tous, pour les chefs et pour les hommes; pour ceux qui portaient des messages dont ils ignoraient le contenu comme pour ceux qui décidaient de toute la résistance, une sanction unique : l'emprisonnement, la déportation, la mort. Il n'est pas d'armée au monde où l'on trouve pareille égalité de risques pour le soldat et le généralissime. Et c'est pourquoi la Résistance fut une démocratie véritable : pour le soldat comme pour le chef, même danger, même responsabilité, même absolue liberté dans la discipline. Ainsi, dans l'ombre et dans le sang, la plus forte des Républiques s'est constituée. Chacun de ses citoyens savait qu'il se devait à tous et qu'il ne pouvait compter que sur lui-même; chacun d'eux réalisait, dans le délaissement le plus total, son rôle historique. Chacun d'eux, contre les oppresseurs, entreprenait d'être lui-même, irrémédiablement et en se choisissant lui-même dans sa liberté, choisissait la liberté de tous. Cette république sans institutions, sans armée, sans police, il fallait que chaque Français la conquière et l'affirme à chaque instant contre le nazisme. Nous voici à présent au bord d'une autre République : ne peut-on souhaiter qu'elle conserve au grand jour les austères vertus de la République du Silence et de la Nuit.

(Lettres Françaises, 1944.)

J.-P. Sartre : *Situations III*. Paris : Gallimard 1949 : 11-14.

4.3 J.-P. Sartre : Q'est-ce qu'un collaborateur?

Le prince Olaf, qui vient de rentrer en Norvège, estime que les «collaborateurs», représentent 2% de la population totale. Nul doute que le pourcentage n'ait été en France à peu près analogue. Une enquête dans les différents pays occupés permettrait d'établir une sorte de pourcentage moyen des collaborateurs dans les collectivités contemporaines. Car la collaboration, comme le suicide, comme le crime, est un phénomène normal. Seulement, en temps de paix ou dans les guerres qui ne se terminent pas par un désastre, ces éléments de la collectivité demeurent à l'état latent; comme les facteurs déterminants font défaut, le «collaborateur» ne se manifeste ni à autrui, ni à lui-même, il vaque à ses affaires, il est peut-être patriote, car il ignore la nature qu'il porte en lui et qui se révélera un jour dans des circonstances favorables. Pendant la guerre actuelle qui a permis d'*isoler* la collaboration, comme on fait d'une maladie, il y avait un jeu de société en faveur chez les Anglais : on tentait de déterminer, en passant en revue les personnalités de Londres, quelles étaient celles qui eussent collaboré si l'Angleterre eût été envahie. Ce jeu n'était pas si sot : il revenait à dire que la collaboration est une vocation. Par le fait il n'y a pas eu, chez nous, de grosse surprise : il suffisait de connaître Déat ou Bonnard avant la guerre pour trouver naturel qu'ils se soient rapprochés des Allemands victorieux. Donc, s'il est vrai qu'on ne collabore pas par hasard mais sous l'action de certaines lois sociales et psychologiques, il convient de définir ce qu'on nomme un collaborateur.

Ce serait une erreur de confondre collaborateur et fasciste, bien que tout collaborateur dût accepter, par principe, l'idéologie des nazis. En fait certains fascistes notoires se sont abstenus de pactiser avec l'ennemi parce qu'ils estimaient que les conditions n'étaient pas favorables à l'apparition d'un fascisme dans une France affaiblie et occupée; d'anciens Cagoulards sont passés à la résistance. Diversement il s'est trouvé un certain nombre de radicaux, de socialistes, de pacifistes pour considérer l'occupation comme un moindre mal et pour faire bon ménage avec les Allemands.

De la même façon, il faut se garder d'assimiler le collaborateur au bourgeois conservateur. Certes la bourgeoisie était fort hésitante depuis Munich. Elle craignait une guerre dont Thierry Maulnier a dit clairement qu'elle consacrerait le triomphe du prolétariat. C'est ce qui explique la mauvaise volonté de certains officiers de réserve. Mais si la bourgeoisie a fait mollement la guerre, il ne s'ensuit pas qu'elle entendait se livrer à l'Allemagne. Tous les ouvriers, presque tous les paysans ont été résistants : la plupart des collaborateurs, c'est un fait, se sont recrutés parmi les bourgeois. Mais il n'en faut pas conclure que la bourgeoisie *en tant que classe* était favorable à la collaboration. D'abord elle a fourni de nombreux éléments à la résistance : la quasi-totalité des intellectuels, une partie des industriels et des commerçants ont milité contre la puissance occupante. Si l'on voulait définir un point de vue strictement bourgeois, il vaudrait mieux dire que la bourgeoisie conservatrice était dans son ensemble pétainiste et attentiste. On a dit que les intérêts du capitalisme sont internationaux et que la bourgeoisie française eût tiré profit d'une victoire de l'Allemagne. Mais c'est un principe abstrait : il s'agissait, en l'espèce, d'une subordination pure et simple de l'économie française à l'économie allemande. Les chefs d'industrie n'ignoraient pas que le but de l'Allemagne était de détruire la France comme puissance industrielle et, par conséquent, de détruire le capitalisme français. Et comment la bourgeoisie française, qui a toujours confondu l'autonomie nationale avec sa propre souveraineté de classe dirigeante, n'eût-elle pas compris que la collaboration, en faisant de la France un pays satellite de l'Allemagne, contribuait à ruiner la souveraineté bourgeoise ? Issu le plus souvent de la bourgeoisie, le collaborateur se retournait aussitôt contre elle. Pour Déat, pour Luchaire, le gaulliste était le prototype du bourgeois qui « n'a pas compris » parce qu'il tient à sa fortune.

En réalité, la collaboration est un fait de désintégration, elle a été dans tous les cas une décision individuelle, non une position de classe. Elle représente à l'origine une fixation par des formes collectives étrangères d'éléments mal assimilés par la communauté indigène. C'est en cela qu'elle se rapproche de la criminalité et du suicide qui sont aussi des phénomènes de désassimilation. Partout où la vie sociale est restée intense, dans les foyers religieux ou politiques, ces phénomènes ne trouvent pas de place. Dès que des facteurs divers viennent interférer et provoquer une sorte d'hésitation sociale, ils apparaissent. Ainsi peut-on tenter une classification à gros traits du personnel de la collaboration : il se recrute parmi les éléments marginaux des grands partis politiques : Déat, Marquet qui n'ont pu s'assimiler au parti socialiste S.F.I.O., Doriot exclu du parti communiste; parmi les intellectuels qui vomissent la bourgeoisie, leur classe d'origine, sans avoir le courage ou la simple possibilité de s'intégrer au prolétariat : Drieu la Rochelle qui fut obsédé toute sa vie à la fois par le fascisme italien et le communisme russe, Ramon Fernandez qui fut un temps communisant puis abandonna le parti communiste pour le P.P.F., parce que, disait-il, « j'aime les trains qui partent » (cette oscillation perpétuelle du fascisme au communisme, du communisme au fascisme est typique des forces de désintégration qui travaillent dans les zones marginales de la bourgeoisie); parmi les ratés du journalisme, des arts, de l'enseignement : c'est le cas de Laubreaux, qui fut critique de *Je Suis Partout*. Venu de Nouméa à la conquête de Paris, jamais assimilé, assommé dès son arrivée en France par un procès en plagiat, il a balancé longtemps entre la droite et la gauche, fut secrétaire infidèle d'Henri Béraud, puis rédacteur à la *Dépêche de Toulouse,* grand organe radical-socialiste du Sud-Ouest, avant d'échouer dans les rangs des néo-fascistes français.

Mais il n'y a pas seulement dans une communauté des cas individuels de désintégration : des groupes entiers peuvent être arrachés à la collectivité par des forces qui s'exercent sur eux du dehors : c'est l'ultramontanisme, par exemple, qui explique l'attitude collaboratrice de certains membres du haut clergé. Il existait déjà pour eux, avant même qu'ils entrassent en rapport avec les puissances occupantes, une sorte d'attraction vers Rome qui agit comme force désaxante. Au contraire le petit clergé, solidement enraciné dans sa terre, gallican, fort éloigné de Rome, s'est montré dans son ensemble, farouchement résistant. Et surtout, la Révolution française, faute de vouloir et de pouvoir pousser jusqu'au bout ses principes, a laissé subsister en marge de la communauté démocratique un déchet qui s'est perpétué jusqu'à nos jours. Il serait exagéré de soutenir, comme on l'a fait, que la France a été coupée en deux depuis 1789. Mais, par le fait, pendant que la majorité des bourgeois s'accommodaient d'une démocratie capitaliste qui consacrait le régime de la libre entreprise, une petite part de la classe bourgeoise est demeurée en dehors de la vie nationale française parce qu'elle a refusé de s'adapter à la constitution républicaine. Pour les « émigrés de l'intérieur », royalistes de l'Action française, fascistes de *Je Suis Partout,* l'effondrement de 1940 a été avant tout la fin de la République. Sans liens réels avec la France contemporaine, avec nos grandes traditions politiques, avec un siècle et demi de notre histoire et de notre culture, ils n'étaient protégés par rien contre la force attractive d'une communauté étrangère.

Ainsi peut-on expliquer ce curieux paradoxe : la majorité des collaborateurs ont été recrutés parmi ce qu'on a appelé les « anarchistes de droite ». Ils n'acceptaient aucune loi de la République, se déclaraient libres de refuser l'impôt ou la guerre, recouraient à la violence contre leurs adversaires en dépit des droits reconnus par notre Constitution. Cependant c'est sur la conception d'un ordre rigoureux qu'ils étayaient leur indiscipline et leur violence : et lorsqu'ils ont offert leurs services à une puissance étrangère, il s'est trouvé tout naturellement que celle-ci était soumise à un régime dictatorial. C'est qu'en effet ces éléments, dont l'anarchie marque seulement la désintégration profonde, précisément parce qu'ils subissaient cette désintégration plutôt qu'ils ne la voulaient, n'ont cessé de souhaiter en contrepartie une intégration radicale. La liberté anarchique dont ils jouissaient, ils ne l'ont jamais assumée, jamais reprise à leur compte, ils n'avaient pas le courage de tirer les conséquences de leur attitude rigoureusement individualiste : ils poursuivaient en marge de la société concrète, le rêve d'une société autoritaire où ils pourraient s'intégrer et se fondre. Ainsi ont-ils préféré l'ordre, que la puissance allemande leur paraissait représenter, à la réalité nationale dont ils s'étaient exclus.

Aucune classe ne porte donc, en tant que telle, la responsibilité de la collaboration. Celle-ci ne manifeste même pas, comme on l'a cru, un certain affaiblissement de l'idéal démocratique : elle mesure seulement les résultats, au sein des collectivités contemporaines, du jeu normal des forces sociales de désintégration. Le déchet social, pratiquement négligeable en temps de paix, devient très important dans le cas d'une défaite suivie d'occupation. Il serait injuste d'appeler la bourgeoisie une « classe » de collaboration. Mais on peut et on doit la juger en tant que classe sur le fait que la collaboration s'est recrutée presque exclusivement en son sein : cela suffit à montrer qu'elle a perdu son idéologie, sa puissance et sa cohésion interne.

Il ne suffit pas d'avoir déterminé l'aire sociale de la collaboration. Il y a une psychologie du collaborateur, dont nous pouvons tirer de précieux renseignements. Certes on peut décider *a priori* que les trahisons sont toujours motivées par l'intérêt et l'ambition. Mais si, peut-être, cette psychologie à grands traits rend plus faciles les classifications et les condamnations, elle ne correspond pas tout à fait à la réalité. Il y a eu des collaborateurs désintéressés, qui ont souhaité en silence la victoire allemande sans tirer profit de leurs sympathies. La plupart de ceux qui ont écrit dans la presse ou participé au gouvernement étaient des ambitieux sans scrupules, cela est certain. Mais il en est aussi qui occupaient, avant la guerre, des situations assez importantes pour les dispenser d'une trahison. Et quelle étrange ambition : si, vraiment, cette passion est, en son fond, la recherche d'un pouvoir absolu sur les hommes, il y avait une contradiction manifeste dans l'ambition du collaborateur qui, l'eût-on mis à la tête du pseudo-gouvernement français, ne pouvait être qu'un agent de transmission. Ce n'était pas son prestige personnel mais la force des armées occupantes qui lui conférait son autorité ; soutenu par des armées étrangères, il ne pouvait être que l'agent de l'étranger. Premier en France, en apparence, il n'eût été, si le nazisme eût triomphé, que le millième en Europe. La véritable ambition, si les principes moraux n'y avaient suffi, eût dû le conduire à résister : le chef d'une petite troupe de maquisards avait plus d'initiative, plus de prestige et d'autorité réelle que Laval n'en a jamais eu. Si nous voulons comprendre l'attitude des collaborateurs, il faut donc les considérer sans passion et les décrire avec objectivité d'après leurs paroles et leurs actes.

Il va de soi qu'ils ont tous cru d'abord à la victoire allemande. On ne conçoit pas un journaliste, un écrivain, un industriel ou un politicien qui eût accepté de profiter quatre ans seulement des avantages de l'occupation, en sachant ou en pressentant que son équipée se terminerait par l'emprisonnement ou par la mort. Mais cette erreur intellectuelle qui permet de comprendre leur attitude ne saurait la justifier : j'ai connu beaucoup de gens qui, en 1940, croyaient l'Angleterre perdue; les faibles se sont abandonnés au désespoir, d'autres se sont enfermés dans une tour d'ivoire, d'autres enfin ont commencé la résistance, par fidélité à leurs principes, en pensant que l'Allemagne avait gagné la guerre, mais qu'il restait en leur pouvoir de lui faire perdre la paix. Si les collaborateurs ont conclu de la victoire allemande à la nécessité de se soumettre à l'autorité du Reich c'est qu'il y avait chez eux une décision profonde et originelle qui constituait le fond de leur personnalité : celle de se plier au fait accompli, quel qu'il fût. Cette tendance première qu'ils décoraient eux-mêmes du nom de « réalisme » a des racines profondes dans l'idéologie de notre temps. Le collaborateur est atteint de cette maladie intellectuelle qu'on peut appeler l'historicisme. L'histoire nous apprend en effet qu'un grand événement collectif soulève, dès son apparition, des haines et des résistances, qui, pour être parfois fort belles, seront considérées plus tard comme inefficaces. Ceux qui se sont dévoués à une cause perdue, pensaient les collaborateurs, peuvent bien apparaître comme de belles âmes : ils n'en sont pas moins des égarés et des attardés dans leur siècle. Ils meurent deux fois puisqu'on enterre avec eux les principes au nom desquels ils ont vécu. Les promoteurs de l'événement historique, au contraire, qu'il s'agisse de César ou de Napoléon ou de Ford, seront peut-être blâmés de leur temps au nom d'une certaine éthique; mais cinquante ans, cent ans plus tard on ne se souviendra que de leur efficacité et on les jugera au nom des principes qu'ils ont eux-mêmes forgés. J'ai cent fois relevé chez les plus honnêtes professeurs d'histoire, dans les livres les plus objectifs, cette tendance à entériner l'événement accompli simplement parce qu'il est accompli. Ils confondent la nécessité de se soumettre au fait, en tant qu'ils sont des chercheurs, avec une certaine inclination à l'approuver moralement, en tant qu'ils sont des agents moraux. Les collaborateurs ont repris à leur compte cette philosophie de l'histoire. Pour eux, la domination du fait va avec une croyance vague au progrès, mais à un progrès décapité : la notion classique de progrès, en effet, suppose une ascension qui rapproche indéfiniment d'un terme idéal. Les collaborateurs s'estiment trop positifs pour croire sans preuve à ce terme idéal et, par conséquent, au sens de l'histoire. Mais, s'ils repoussent au nom de la science ces interprétations métaphysiques, ils n'abandonnent pas pour autant l'idée de progrès : celui-ci se confond pour eux avec la marche de l'histoire. On ne sait où l'on va, mais puisqu'on change, c'est qu'on s'améliore. Le dernier phénomène historique est le meilleur simplement parce qu'il est le dernier : on entrevoit qu'il contribue à façonner la figure humaine, cette ébauche à qui chaque instant qui passe apporte une retouche, on est saisi par une sorte de pithiatisme et l'on s'abandonne passivement aux courants qui s'esquissent, on flotte vers une destination inconnue, on connaît les délices de ne pas penser, de ne pas prévoir et d'accepter les obscures transformations qui doivent faire de nous des hommes nouveaux et imprévisibles. Le réalisme dissimule ici la crainte de faire le métier d'homme — ce métier têtu et borné qui consiste à dire oui ou non selon des principes, à «entreprendre sans espérer, à persévérer sans réussir» — et un appétit mystique du mystère, une docilité à un avenir qu'on renonce à forger et qu'on se borne à augurer. L'hégélianisme mal compris a, bien entendu, son mot à dire. On accepte la violence parce que tous les grands changements sont basés sur la violence et l'on confère à la force une obscure vertu morale. Ainsi le collaborateur se place pour estimer ses actes dans le plus lointain avenir : ce rapprochement avec l'Allemagne qu'il méditait contre l'Angleterre, nous le considérions, nous, comme une rupture d'engagement et un injustifiable manque de parole. Le collaborateur quoique vivant dans notre siècle, le jugeait du point de vue des siècles futurs, tout juste comme l'historien juge la politique de Frédéric II; il lui avait déjà trouvé un nom : c'était tout simplement un «renversement d'alliances» qui avait des antécédents et des exemples nombreux dans l'histoire.

Cette façon de juger l'événement à la lumière de l'avenir a été, je crois, pour tous les Français une des tentations de la défaite : elle représentait une forme subtile d'évasion. En sautant quelques siècles et en se retournant sur le présent pour le contempler de loin et le replacer dans l'histoire, on le changeait en passé et on masquait son caractère insoutenable. On voulait oublier une écrasante défaite en ne l'envisageant plus que dans ses conséquences historiques. Mais on oubliait que l'histoire, si elle se comprend rétrospectivement et par grandes masses, se vit et se fait au jour le jour. Ce choix de l'attitude historiciste et cette passéification continue du présent est typique de la collaboration. Les moins coupables sont des idéalistes désillusionnés qui, lassés de proposer en vain leur idéal, ont cru tout à coup qu'il fallait l'imposer. Si par exemple, le pacifisme français a fourni tant de recrues à la collaboration c'est que les pacifistes, incapables d'enrayer la guerre, avaient tout à coup décidé de voir dans l'armée allemande la force qui réaliserait la paix. Leur méthode avait été jusqu'alors la propagande et l'éducation. Elle s'était révélée inefficace. Alors ils se sont persuadé qu'ils changeaient seulement de moyen : ils se sont placés dans l'avenir pour juger de l'actualité et ils ont vu la victoire nazie apporter au monde une paix allemande comparable à la fameuse paix romaine. Le conflit avec la Russie puis avec l'Amérique ne leur a pas ouvert les yeux : ils y ont vu simplement des maux nécessaires. Ainsi est né un des paradoxes les plus curieux de ce temps : l'alliance des pacifistes les plus ardents avec les soldats d'une société guerrière.

Par sa docilité aux faits − ou plutôt à ce fait unique : la défaite française − le collaborateur « réaliste » fait une morale renversée : au lieu de juger le fait à la lumière du droit, il fonde le droit sur le fait; sa métaphysique implicite, identifie l'être et le devoir-être. Tout ce qui est est bien; ce qui est bien c'est ce qui est. Sur ces principes, il bâtit hâtivement une éthique de la virilité. Empruntant à Descartes sa maxime « Tâcher plutôt de se vaincre que de vaincre le monde », il pense que la soumission aux faits est une école de courage et de dureté virile. Pour lui, tout ce qui ne prend pas son point de départ dans une appréciation objective de la situation n'est qu'une rêverie de femme et de songe-creux. Il explique la résistance non pas par l'affirmation d'une valeur mais par un attachement anachronique à des mœurs et à une idéologie mortes. Il se cache cependant cette contradiction profonde : c'est qu'il a *choisi*, lui aussi, les faits dont il veut partir. La puissance militaire de la Russie, la puissance industrielle de l'Amérique, la résistance têtue de l'Angleterre sous le « blitz », la révolte des Européens asservis, l'aspiration des hommes à la dignité et à la liberté, ce sont aussi des faits. Mais il a choisi, au nom du réalisme, de ne pas en tenir compte. D'où la faiblesse interne de son système : cet homme qui parle sans cesse de la « dure leçon des faits », n'a retenu que les faits qui avantagent sa doctrine. Il est perpétuellement de mauvaise foi, dans sa hâte d'écarter ce qui le gêne : c'est ainsi que Déat quinze jours après l'entrée des Allemands en U.R.S.S., ne craignait pas d'écrire « A présent que le colosse russe s'est effondré... »

Tenant pour acquise la victoire allemande, le collaborateur vise à remplacer les rapports juridiques de réciprocité et d'égalité entre les nations et entre les hommes, par une sorte de lien féodal de suzerain à vassal. Chateaubriant se considère comme l'homme-lige de Hitler. Faute d'être intégré dans la société française et d'être soumis aux lois universelles d'une communauté, le collaborateur cherche à s'intégrer à un système nouveau où les relations tombent dans la singularité et vont de personne à personne. Son réalisme l'y aide : le culte du fait particulier et le mépris du droit, qui est universalité, le conduisent à se soumettre à des réalités rigoureusement individuelles : un homme, un parti, une nation étrangère. Dès lors sa morale, variable et contradictoire, sera la pure obéissance aux caprices du suzerain; Déat se contredit cent fois, selon les ordres qui lui viennent d'Abetz. Il n'en souffre pas : la cohérence de son attitude consiste justement à changer de point de vue autant de fois que le maître le veut. Mais cette soumission féodale n'est pas elle-même sans contradiction profonde. Si Machiavel est le maître à penser des dictateurs, c'est Talleyrand qui est le modèle du collaborateur. Cet ambitieux se contente d'un rôle subordonné : mais c'est qu'il pense avoir une partie à jouer. Sa fidélité à l'Allemagne est sujette à caution. Combien de politiciens vichyssois ou parisiens ont répété durant l'occupation : « Les Allemands sont des enfants; ils ont un complexe d'infériorité vis-à-vis de la France : nous les aurons comme nous voudrons. » Les uns envisageaient de supplanter les Italiens dans leur rôle de «brillants seconds», les autres estimaient que leur heure sonnerait lorsque l'Allemagne et l'Amérique souhaiteraient qu'une tierce puissance amorçât des pourparlers. Ayant posé la *force* comme source du droit et comme l'apanage du maître, le collaborateur s'est réservé la *ruse*. Il reconnaît donc sa faiblesse et ce prêtre de la puissance virile et des vertus masculines s'accommode des armes du faible, de la femme. On relèvera partout dans les articles de Chateaubriant, de Drieu, de Brasillach de curieuses métaphores qui présentent les relations de la France et de l'Allemagne sous l'aspect d'une union sexuelle où la France joue le rôle de la femme. Et très certainement la liaison féodale du collaborateur à son maître, a un aspect sexuel. Pour autant qu'on puisse concevoir l'état d'esprit de la collaboration, on y devine comme un climat de féminité. Le collaborateur parle au nom de la force, mais il n'est pas la force : il est la ruse, l'astuce qui s'appuie sur la force, il est même le charme et la séduction puisqu'il prétend jouer de l'attrait que la culture française exerce, d'après lui, sur les Allemands. Il me paraît qu'il y a là un curieux mélange de masochisme et d'homosexualité. Les milieux homosexuels parisiens, d'ailleurs, ont fourni de nombreuses et brillantes recrues.

Mais ce qui constitue peut-être la meilleure explication psychologique de la collaboration c'est la haine. Le collaborateur semble rêver d'un ordre féodal et rigoureux : nous l'avons dit c'est le grand rêve d'assimilation d'un élément désintégré de la communauté. Mais il s'agit seulement d'un songe. En fait il hait cette société où il n'a pu jouer de rôle. S'il rêve de lui donner le mors fasciste, c'est pour l'asservir et la réduire pratiquement à l'état de machine. Il est typique que Déat ou Luchaire ou Darnand fussent parfaitement conscients de leur impopularité. Ils ont écrit cent fois, avec une lucidité entière, que l'immense majorité du pays désapprouvait leur politique. Mais ils étaient loin de déplorer l'indignation et la fureur qu'ils provoquaient : elles leur étaient nécessaires. Par elles, ils réalisaient sous eux comme une totalité impuissante et vainement révoltée, cette communauté française où ils n'avaient pu se fondre et qui les excluait. Puisqu'ils ne pouvaient y réussir de l'intérieur, ils la materaient de l'extérieur; ils s'intégreraient à l'Europe allemande pour violer cette nation orgueilleuse. Peu leur importait d'être esclaves de Hitler, s'ils pouvaient infecter la France entière de cet esclavage. Telle était la nature particulière de leur ambition. Chez Drieu la Rochelle, les choses n'étaient pas si simples : il a commencé par se haïr lui-même. Il s'est peint tout au long de vingt années comme un désaxé, un désintégré, un «homme de trop», et il a rêvé pour lui-même une discipline de fer qu'il était incapable de se donner spontanément. Mais cette haine de soi est devenue — comme en témoigne *Gilles* — une haine de l'homme. Incapable de supporter cette dure vérité : «Je suis un enfant faible et veule, lâche devant mes passions», il a voulu se voir comme un produit typique d'une société tout entière pourrie. Il a rêvé le fascisme pour elle alors qu'il lui aurait suffi de se donner à lui-même des règles strictes de conduite : il a voulu anéantir l'humain en lui et chez les autres, en transformant les sociétés humaines en fourmilières. Pour ce pessimiste, l'avènement du fascisme correspondait au fond au suicide de l'humanité.

Réalisme, refus de l'universel et de la loi, anarchie et rêve d'une contrainte de fer, apologie de la violence et de la ruse, féminité, haine de l'homme : autant de caractères qui s'expliquent par la désintégration. Le collaborateur, qu'il ait ou non l'occasion de se manifester comme tel, est un ennemi que les sociétés démocratiques portent perpétuellement en leur sein. Si nous voulons éviter qu'il ne survive à la guerre sous d'autres formes, il ne suffit pas d'exécuter quelques traîtres. Il faut, autant que possible, achever l'unification de la société française c'est-à-dire le travail que la Révolution de 89 a commencé; et c'est ce qui ne peut se réaliser que par une révolution nouvelle, cette révolution qu'on a tentée en 1830, en 1848, en 1871 et qui a toujours été suivie d'une contre-révolution. La démocratie a toujours été une pépinière de fascistes parce qu'elle tolère, par nature, toutes les opinions; il convient qu'on fasse enfin des lois restrictives : il ne doit pas y avoir de liberté contre la liberté.

Et comme la thèse favorite du collaborateur — aussi bien que du fasciste — c'est le *réalisme*, il faut profiter de notre victoire pour entériner l'échec de toute politique réaliste. Certes il convient de se soumettre aux faits, de tirer des leçons de l'expérience : mais cette souplesse, ce positivisme politique ne doivent être que des moyens pour réaliser une fin qui n'est pas soumise aux faits et ne tire pas d'eux son existence. En donnant l'exemple d'une politique basée sur des principes, nous contribuerons à faire disparaître l'espèce des «pseudo-réalistes». En face d'eux, en effet, la résistance, qui a fini par triompher, montre que le rôle de l'homme est de savoir dire non aux faits même lorsqu'il semble qu'on doive s'y soumettre. Certes il faut vouloir se vaincre plutôt que la fortune, mais s'il faut se vaincre d'abord, c'est, finalement, pour mieux vaincre la fortune.

(*La République Française*, éditée à New-York. Août 1945.)

J.-P. Sartre : *Situations III*. Paris : Gallimard 1949 : 43−61.

4.4 Jean Anouilh : Le rat

Un rat sortait de l'Opéra :
Plastron blanc et cravate noire...
C'était un rat dont tout Paris savait l'histoire.
On disait que, pendant l'occupation des chats,
Il avait stocké du gruyère.
Il était décoré pourtant, de mine fière,
Mais de cette fierté incertaine des rats.
Il est rare que ces gens-là
Aient la conscience tranquille...
Portant beau, poil lustré et ras,
Ongles faits par les manucures;
Costumes du meilleur tailleur;
Dès qu'il sort de l'égout et se fait place en ville
Un rat a voiture
Et chauffeur,
Chevalière d'or, jolies filles.
Cette race toujours inquiète
A besoin pour se rassurer
De s'entourer de beaux objets

L'illusionnant sur sa puissance :
C'est un défaut qui tient au manque de naissance.
Le chauffeur de mon rat, un gros chien du pays,
Décoré d'ailleurs, lui aussi,
Pour avoir combattu les chats héréditaires
Lors de la précédente guerre,
Acceptait ses hauteurs sans lui montrer les dents,
Tant le prestige de l'argent
Est, hélas! puissant chez les bêtes...
«C'est un rat, disait-il, mais c'est un rat honnête.
Il en est. Et la preuve est qu'il est décoré.»
Ah! mon Dieu que les chiens sont bêtes!...
Pauvres niais abusés, lisant journaux de rats,
Qui ne sauront jamais que ce que rat dira.

Jean Anouilh: *Fables.* Paris: Editions de la Table Ronde 1962.

4.5 Bertolt Brecht: *Vom ertrunkenen Mädchen*

1

Als sie ertrunken war und hinunterschwamm
Von den Bächen in die größeren Flüsse
Schien der Opal des Himmels sehr wundersam
Als ob er die Leiche begütigen müsse.

2

Tang und Algen hielten sich an ihr ein
So daß sie langsam viel schwerer ward.
Kühl die Fische schwammen an ihrem Bein
Pflanzen und Tiere beschwerten noch ihre letzte Fahrt.

3

Und der Himmel ward abends dunkel wie Rauch
Und hielt nachts mit den Sternen das Licht in Schwebe.
Aber früh ward er hell, daß es auch
Noch für sie Morgen und Abend gebe.

4

Als ihr bleicher Leib im Wasser verfaulet war
Geschah es (sehr langsam), daß Gott sie allmählich vergaß
Erst ihr Gesicht, dann die Hände und ganz zuletzt erst ihr Haar.
Dann ward sie Aas in Flüssen mit vielem Aas.

Bertolt Brecht: *Gesammelte Werke.* © Suhrkamp Verlag Frankfurt am Main 1967. „Vom ertrunkenen Mädchen".

5. Texte zum historischen Hintergrund des Romans : Résistance und Collaboration in Frankreich 1940—1944

5.1 P.-J. Jouve : Poésie et catastrophe

Lorsqu'un grand peuple a vu ses armes lui tomber des mains dans la honte, et qu'il est entièrement recouvert par une organisation de pensée néfaste, il doit quelque part gémir. Le gémissement, plus ou moins reconnaissable, cherche mainte issue; une de ces issues est « la voix »; c'est ainsi que la Poésie peut se trouver investie de la fonction de décharger pour une part l'âme du peuple. On a déjà beaucoup écrit pour expliquer et justifier que, dans l'effroyable désastre de la France, un mouvement poétique ait apparu, et que la Poésie française se soit vue porter pour ainsi dire au premier rang. L'explication la plus évidente est dans la nécessité de souffrir, de gémir et d'espérer.

Mais ce n'est là que la surface des choses. Au terme d'un long travail intérieur qui a rempli la seconde moité du XIXe siècle, l'art poétique a singulièrement approfondi ses secrets et élargi ses puissances. Si ce phénomène pouvait paraître inexistant aux yeux du monde bourgeois français, il préparait en France un rôle essentiel de la poésie, il devançait de toutes parts les vues mesquines ou coupables de ce monde prêt à l'écroulement. Ce n'est pas encore assez. La poésie pressentait l'écroulement. En plusieurs de ses œuvres, elle le lisait d'avance, par prophétie. Ailleurs elle l'annonçait indirectement, par une démarche négative, dans le désordre des sentiments et des esthétiques. L'angoisse marquera certainement de son « signe » le mouvement poétique de France entre les deux guerres — entre les deux parties de la guerre.

Constatons donc d'abord que nous avons eu raison, que nous avons « vu ». Nous avons vu, et lutté contre l'objet de notre vision, la naissance et l'armement du Mal le plus caractérisé — métaphysiquement, religieusement, et historiquement. La défaite n'a surpris que notre cœur, elle n'a pas étonné notre esprit. Il est donc assez vain de se poser certaines questions. Il est assez vain de se demander s'il y a éclosion, ou renouvellement de la Poésie française; comment il se fait que l'intelligence de notre pays, ordinairement fermée à la poésie, se soit tournée vers elle; comment les jeunes écrivains ont paru surgir de terre, et pourquoi un mouvement poétique sérieux et grave a « tout à coup » occupé la scène. D'un côté nous apercevons que le mouvement est enraciné dans l'évolution de la poésie depuis Rimbaud; d'autre part nous voyons la catastrophe approfondir et légitimer la douleur nationale. Tout cela est manifestement réuni, et animé par une détermination unique. Essayons de le comprendre.

Les changements de l'art les plus délibérés en apparence répondent toujours à un «dessein». Ainsi ce n'est pas pour rien que Guillaume Apollinaire, en 1910, introduisait la sensibilité et tous les modes de langage d'une poésie désinvolte et désespérée qui devait se développer après les hécatombes de 1914–1918, et la mort d'Apollinaire lui-même. Ce n'est pas par hasard que l'élaboration de la substance inconsciente poétique, inaugurée par Baudelaire, poursuivie par Rimbaud et Mallarmé, devait produire peu à peu le dadaïsme d'Apollinaire, puis en sens contraire le classicisme de Valéry, et enfin une troisième chose, plus tragiquement pleine des signes et des témoignages au milieu du bouleversement humain. Après le détachement de Mallarmé vient un engagement à la fois lucide et obscur, et tout ceci est nécessité par un ordre, le même ordre qui a poussé aux découvertes essentielles.

J'écrivais en 1933, dans l'avant-propos à «Sueur de Sang» : «Il n'y a pas à prouver que le créateur des valeurs de la vie (le poète) doit être contre la catastrophe; ce que le poète a fait avec l'instinct de la mort est le contraire de ce que la catastrophe veut faire; en un sens, la poésie c'est la vie même du grand Eros morte et par-là survivante.» Le pouvoir de prophétie, par lequel la poésie connaît la catastrophe, soulève l'art du poète en quelque heure sombre : car nul n'est plus sensible que le poète aux brisures, aux lézardes dans l'édifice tremblant de la civilisation. Si la prophétie donne des forces au poète, rien ne lui retire le devoir de lutter, avec le don qu'il a reçu, contre la destruction. Nous comprenons aujourd'hui comment Rimbaud, dans l'atmosphère convulsée de ses dix-huit ans, a incarné complètement la catastrophe de 1871. Il l'a exprimée et magnifiée; mais il l'a vécue à un tel point que la catastrophe l'a finalement englouti, homme et œuvre, et qu'il a fait silence en s'avançant rapidement vers la mort. La lutte de la Poésie contre la catstrophe qu'elle incarne, dont elle fait son profit, c'est une lutte pour des valeurs immuables : en premier lieu, l'«être», la durée de la nation et de la langue; en second lieu l'idée de la nation, qui est pour nous Français : la Liberté.

La poète représente, dans la catastrophe et contre elle, ce qui est plus permanent et sacré que toute action politique. Seul le dépasse, en perfection de gravité, l'homme qui met sa vie dans la balance, et se bat. «Il n'y a de grands parmi les hommes que le poète, le prêtre et le soldat» (Baudelaire). Le véritable poète, celui des «choses essentielles», qui met en jeu les forces de l'âme et en fait un acte éternel, s'est toujours trouvé en face de l'événement par le même acte où il se trouvait en face de son temps. L'un des modèles de la poésie complète est Dante, l'autre est Shakespeare. De Homère à Hugo les poètes ont exalté la guerre, quand elle entraînait leur sens de l'honneur ou de la justice. Ainsi que nous l'avons entrevue, il y a une correspondance profonde, dans le caractère de l'événement, entre certaines formes de l'épreuve, et la fatalité d'inspiration d'un poète particulier. Alors le poète doit dire, il doit parler; il le doit, car il est seul à pouvoir le faire en une matière durable, peut-être éternelle; il est seul à pouvoir faire tomber les censures intérieures et extérieures, à pouvoir «posséder la vérité dans une âme et un corps»; il est seul chargé de ranimer les graves instincts d'amour, contre les séduisants instincts de mort.

Mais il est non moins important que la Poésie reste libre; qu'elle ne reçoive de disciplines que d'elle même, qu'elle ne dépende jamais d'un fait historique. L'art complexe de la Poésie doit permettre de concilier et d'harmoniser des nécessités contraires. La poésie moderne, qui répond à l'esthétique entrevue par Verlaine :

Il faut aussi que tu n'ailles point
Choisir tes mots sans quelque méprise...

cette poésie comporte toujours une certaine épaisseur de sens, l'accumulation de plusieurs sens à plusieurs étages différents. Telle est à nos yeux sa plus vivante qualité. On peut concevoir une Poésie qui, à l'égard de l'événement du temps, le touche d'une main très profonde, et puisse être lue, tantôt comme traduction directe des faits bouleversants, tantôt comme la méditation beaucoup plus éloignée de ce qui est à la racine. La «lecture à plusieurs hauteurs» est déjà imposée; ainsi elle l'est manifestement dans le poème de Pierre Emmanuel que cet avant-propos a mission de présenter. A travers toute participation, le poète doit se reprendre constamment à lui-même, revenir à ses sources, dépasser ce qu'il voit par ce qu'il souffre. La «Divine Comédie» montre toujours l'horreur ou le salut du coupable, la scène du temps de Dante avec le combat — et enfin la lueur, ou la lumière béatifiante de Dieu.

Il faut donc s'inscrire encore une fois contre une poésie simplement civique, retraçant l'événement brut et la passion politique, et destinée à «servir» — même si cette poésie enseigne les vertus les plus désirées, dans le sens d'une politique que nous souhaitons. La poésie ne servira jamais que par la profondeur et la multiplicité de ses intentions. Oui, les temps de la tour d'ivoire, les temps de la facilité et du parasitisme sont révolus. Les temps de la «garde nationale» en poésie ne doivent non plus jamais revenir. Les temps de la liberté s'annoncent, dans lesquels les valeurs multiples de l'Homme devront revivre. Et le drame du vrai courage de l'artiste commence.

La lecture à plusieurs hauteurs permet enfin de saisir ce qu'il y a de vrai dans l'évolution apocalyptique de notre époque. De tels crimes éveillent, en effet, l'idée d'Apocalypse; leur étendue aussi; l'univers se tord dans la première lutte mondiale, et c'est aussi la guerre conduite par les deux Bêtes, la Science paraphrasant l'Instinct. On a dit de Pierre Emmanuel qu'il était «poète de notre apocalypse»; ceci me paraît vrai au sens de la profondeur, et il y a même dans la personne de cet homme jeune quelque chose d'une singulière apparition angélique : un ange manieur de feu, obéissant à des disciplines obscures. Il est possible que l'ensemble de ces convulsions compose une Apocalypse, il est possible que certains regards se soient ouverts à la réalité d'une involution sanglante progressive; il est aussi possible que d'atroces événements éveillent en nous les douleurs d'une région qui est toujours celle d'«apocalypse», et dont l'Ange Michel nous apprendra demain à guérir.

(Novembre 1942.)

P.-J. Jouve : «Poésie et catastrophe», avant-propos à *La Colombe* de Pierre Emmanuel, Editions de la Librairie de l'Université, Fribourg 1943; Textabdruck nach : L. Scheler : *La grande Espérance des poètes 1940—1945*. Paris 1982 (Temps actuels) : 193—197.

5.2 P. Ory : Les visiteurs du soir

> Oui, je suis un traître. Oui, j'ai été d'intelligence avec l'ennemi. J'ai apporté l'intelligence française à l'ennemi. Ce n'est pas ma faute si cet ennemi n'a pas été intelligent... Nous avons joué, j'ai perdu. Je réclame la mort.
> PIERRE DRIEU LA ROCHELLE[1]

Le collaborationnisme n'était pas une fatalité. Un Louis Marin ou un Louis Vallon adhéraient en 1939 aux mêmes partis qu'un Philippe Henriot ou un Marcel Déat; Georges Valois, le fondateur du premier mouvement fasciste français, terminera sa vie à Bergen-Belsen où l'a conduit son combat contre «le parti hitlérien en France». Inversement, s'arrêter au «reniement», en le connotant souvent d'ambition personnelle et de vénalité policière, est une interprétation tout aussi idéaliste et cryptique, qui se retrouve paradoxalement sous la plume de beaucoup d'historiens ou d'hommes politiques se réclamant du matérialisme. L'argument de la « marginalité » mérite plus d'attention. Encore faut-il relativiser cette notion, au-delà même de son jugement de valeur implicite, insister beaucoup plus sur le phénomène de la marginalisation lui-même, en retrouver le sens.

La triple convergence de 1940 n'est-elle pas le fait d'hommes qui, pendant longtemps et parfois jusqu'à la pré-guerre de 1938, ont appartenu à trois « établissements »; le briandisme florissant à la veille de la grande crise, le monde politique maurrassien, le régime lui-même ? Le 1er janvier 1941, Rebatet est-il d'ailleurs plus marginal que d'Estienne d'Orves ? Ratés, minoritaires, exclus convergent effectivement vers le pouvoir allemand, et tout collaborationniste est passé, un peu plus tôt un peu plus tard, par une rupture avec le père Maurras, la mère Gauche ou, pour les stipendiés, le bon Régime asexué. Mais pourquoi eux, et pourquoi cette marginalisation-là ?

Sans doute faut-il y voir le cumul, au sein de sensibilités « ouvertes » jusqu'à l'extrême écorchement et l'abandon à la Force qui vient, de deux traumatismes, vécus ou cultivés, et dont la décennie 36−45 s'appliquait tout soudain à fournir comme l'antidote, sous étiquette allemande : la Première Guerre mondiale (Munich); la révolution bolchevique (le 22 juin 1941). 14−18 forge les convictions européennes ou pacifistes, tout en laissant à beaucoup, de Bucard à Déat, de Darnand à Drieu, l'image indélébile d'une communauté virile et hiérarchique. 1917 et ses lendemains exacerbent la peur du rouge, antibolchevisme viscéral ou antimarxisme sublimé sous divers oripeaux. Dans les dernières années de l'avant-guerre, cette hostilité nourrira, à gauche comme à droite, de Rebatet à Spinasse, un pacifisme ultra dont la principale justification sera le refus de favoriser diplomatiquement l'Union soviétique. Des conservateurs et des réactionnaires y font le sacrifice de leur nationalisme cocardier; des socialistes et des syndicalistes y font celui de la démocratie. Dans l'un et l'autre cas, c'est cependant la valeur suprême de l'Ordre qui l'emporte.

La crise économique et diplomatique des années trente brasse en tous sens la société politique française, disloquée par le passage brutal d'une période de franche bipolarisation − le Front populaire − aux grands reclassements ambigus de Munich ou de la « drôle de guerre », enfin à cette équivoque établie qui a nom État français. Aspirant au changement face aux insuffisances étalées du système capitaliste et du régime républicain, la population se refuse au contraire dans ses profondeurs à retourner, moins de vingt ans après, à l'hécatombe. En ajoutant la « liberté » au « pain » et à la « paix », le

Front populaire présentait une option. Il était inévitable que ses adversaires missent l'«ordre» à la place.

Plus que des marginaux, les collaborationnistes représentent ainsi l'avant-garde de ce second terme de l'alternative. Mais alors que le front antifasciste, un temps profondément désuni, va se retrouver, au fur et à mesure que s'internationalise le conflit, au coude à coude dans un même combat contre l'impérialisme nazi, elle va se découvrir, elle, isolée de la masse conservatrice qui se reconnaît dans le Vichy du maréchal. Avant-garde consciente si on l'écoute affirmer en face de l'attentisme ou de l'incompréhension pétainistes la nécessité d'un engagement clair, d'une société politisée, là où Vichy la souhaite patriarcale, d'un ordre «nouveau», «jeune», «réaliste». Mais avant-garde fragile quand on la voit superposer, au-delà de toute distinction assez byzantine entre la part de la contrainte, de l'intérêt et de la conviction, la revanche et la peur. Revanche de ceux qui ont été deux fois incompris, deux fois écartés, mais aussi apeurement de maints représentants de ces classes moyennes en risque vécu de prolétarisation et mythique de collectivisation, apeurement de quelques professionnels du verbe devant les menaces qui pèsent, croient-ils, sur leur magistère.

D'où les divergences sensibles qui paraissent parcourir ce petit monde tout au long de ces courtes quatre années, et qui donnent à la vie politique de zone nord cet aspect sensiblement plus contrasté que celui de l'asepsie vichyssoise. Divergence entre clans nationaux, divergences entre Paris et les mouvements autonomistes, divergences entre autonomistes eux-mêmes, souvent aussi racistes à l'égard de leurs «frères» qu'à celui des Français...

On n'en est que plus frappé de voir la tendance profonde de toutes ces petites contradictions secondaires à se résorber avec le temps dans un même radicalisme. Une fois éloignées de leurs bases et débarrassées de leurs habits d'origine, les idéologies de la collaboration conduisent visiblement à un même mixte où un vocabulaire de gauche — auquel s'adaptent assez vite la plupart des héritiers de la droite — se superpose à d'incontestables valeurs de droite, rigidifiées dans l'épreuve. Au bord du chemin qui s'étend de la gare de Montoire au Bunker de la chancellerie, le mouvement n'abandonne pas des hommes de «droite» (Deloncle, Brasillach) ou de «gauche» (Spinasse, Chateau), mais des «mous», incapables de résoudre leurs propres antinomies. Dans la commune mobilisation de la «guerre totale et radicale», les nuances colorées tendent à se fondre sous le même uniforme des groupements paramilitaires. C'est ce qu'a bien compris l'équipe pilote de *Je suis partout*, qui vibre dans ses derniers mois à la geste milicienne et pavoise le dernier jour en présentant côte à côte en première page un entretien avec Déat, un entretien avec Doriot. Tous les fascistes français de 1940 ne jouèrent pas la carte de la collaboration, mais les collaborationnistes de 1944 étaient tous devenus fascistes.

Même et surtout sous cette forme condensée, la collaboration est un échec. Non pas, comme on l'affirme traditionnellement, par la seule arithmétique. Compte tenu du gonflement compréhensible des deux chiffres — et compte non tenu des nombreuses exécutions sommaires —, il n'y eut guère moins d'affaires de collaboration soumises aux tribunaux *ad hoc* de la Libération (160 000) que de cartes distribuées à la même époque de «combattant volontaire de la Résistance» (170 000). L'échec est ailleurs.

Un peu dans l'incapacité de la collaboration à surmonter les discriminations sociales dont elle hérite : les notables et les professions libérales occupent les institutions honorifiques, les classes moyennes fournissent la piétaille des partis, ouvriers et *Lumpenproletariat* montent au(x) front(s). Mais l'échec est surtout dans la défaite même de l'Allemagne, verdict sans appel pour ces sectateurs de la justification par la force et, comme le dira Sartre, d'un «hégélianisme mal compris».

Tout vient d'ailleurs de plus loin, de la profonde duperie sur laquelle se fonde le pari du fameux «réalisme» collaborateur : supposer qu'il y ait un au-delà de l'impérialisme hitlérien, un grand projet nazi international, authentiquement fédéral même s'il doit être inégalitaire, et sur la foi d'une hypothèse moralisante — «l'Allemagne, elle, a su dominer sa victoire» — exhorter les Français à dominer leur défaite par une surenchère dans la concession.

Certes, jusqu'aux derniers jours, beaucoup de collaborationnistes feront preuve d'une grande méconnaissance du national-socialisme allemand, point si différents en cela de tant de militants ou d'idéologues franco-centristes de toutes les époques, mais, dans la conjoncture de l'occupation, cette méconnaissance ne pouvait qu'être fatale. Il n'était pourtant pas nécessaire d'être grand clerc pour comprendre qu'un univers mental privilégiant l'élan vital, la communauté nationale-raciale, le *Führer-prinzip,* et qui avait donné à plusieurs reprises la preuve qu'il ne tenait compte à l'extérieur que des rapports de forces, n'aurait guère de considération pour l'image même de la faiblesse que lui présentait la collaboration, sanctionnée symboliquement par l'échec du Front révolutionnaire national et les médiocres performances de la LVF.

Contrairement aux attentistes, les collaborationnistes ont compris et accepté la dimension idéologique du conflit international, dès les premiers jours pour ceux qui avaient déjà fait en eux la mutation fasciste, après le 22 juin 1941 pour les plus conservateurs. Leur faillite intellectuelle était de miser sur l'idéologie la plus étrangère à la reconnaissance d'une spécificité nationale autre que la sienne propre. Chez les plus lucides, la contradiction entre nationalisme et discours européen sera toujours vivement ressentie. «Je crains fort que, comme le disait rudement et justement Drieu, de prétendus nationalistes ne se dénationalisent chaque jour», avouera Brasillach.[2] Le PPF d'avant-guerre, à plus d'un titre laboratoire du collaborationnisme à la française, était déjà entré en crise du jour où l'asservissement de son appareil à des consignes étrangères, italiennes en l'occurrence, était apparu clairement derrière les prétentions nationales.

Au-delà du court terme, l'intérêt historique de la collaboration gît dans son paradoxe vécu d'être à la fois au plus haut point phénomène universel, puisqu'un rapide panorama de la Seconde Guerre mondiale nous la fait rencontrer sous toutes les longitudes, et pourtant, par cette orginalité de taille que représente l'existence de Vichy, au plus haut point phénomène de la francité. Au premier titre, son étude n'est pas de médiocre importance pour l'analyse de ces crises, grandes et petites, où le sens politique paraît devenir insensé, la logique interne d'un mouvement, logique délirante : on voit qu'ici l'attachement à un même surordre unifie aisément divers troubles apparemment contradictoires. Mais, au second, on peut penser que son approche apportera quelques éléments de réponse à tous ceux, et ils semblent nombreux aujourd'hui, qui se posent la question du «fascisme» ou du «totalitarisme ordinaires».

Minorité volontiers excédée par les équivoques vichystes, la collaboration n'en vit nullement séparée. C'est à Vichy qu'on doit Montoire, et tout un lot de ces images qui permirent d'alimenter le répertoire collaborant. C'est bien Vichy qui, sans attendre l'instigation de l'Allemagne, prend en quelques mois tout un ensemble de mesures d'ordre intérieur fondant un régime sans doute «réactionnaire», nullement fasciste, mais sans conteste − et c'est là qu'a été franchi, pour nous, le seuil qualitatif − dictatorial. Enfin, c'est bien cette institution vichyssoise qui, dans les derniers mois, tolère la mise en place d'un véritable État milicien, expression suprême de la convergence politique de la collaboration, avec lequel elle aurait sans doute été bientôt amenée à se confondre. Pour parler en termes de majorité, il y eut bien en 1940 un «consensus» français à la dictature. La parole collaboratrice s'est constituée sur fond de silence, le silence des garants convenus de la démocratie française, depuis les grands corps de la République jusqu'à son intelligentsia justificatrice, depuis les classes moyennes du radicalisme bon teint jusqu'au prolétariat des espoirs ultimes. Quand, quatre années plus tard, une même «France des profondeurs» châtiera avec dégoût ou horreur ceux qui n'avaient fait que presser le pas dans la direction tracée, quelle image d'elle-même cherchait-elle donc à nier?

1 *Récit secret,* suivi de *Exorde.* Paris : Gallimard 1961.
2 *Journal d'un homme occupé.* in : *Œuvres complètes.*

P. Ory : *Les Collaborateurs 1940−1945.* Paris : Seuil 1976 : 268−273.

5.3 Hermann Hofer : Die Literatur der Kollaboration

Daß sich in der Literatur der Kollaboration zwischen 1940 und 1944 kein Werk von Rang findet, kann man heute für ebenso unbestreitbar ansehen wie die Tatsache, daß Schriftsteller von Rang diese Literatur mitgestaltet haben. Beide Fakten haben entscheidend dazu beigetragen, daß diese Literatur ins Abseits des Vergessens gedrängt wurde. Heist hat Frankreich 1965 in seinem Buch *Genet und andere* bescheinigt, als einziges Land eine faschistische Literatur von Rang hervorgebracht zu haben, und Sartre fragt sich 1948 in *La Nationalisation de la littérature* im Namen seiner Generation beklommen nach dem geringen Ruhm und Rang der Widerstandsdichter, verglichen mit Gewicht und Ansehen der Autoren der Kollaboration. Beide Aussagen treffen Kernprobleme und verkennen doch, noch in ihrer richtigen Einschätzung des Gewichtes dieser Literatur, ihren problematischen Charakter. Ihre Verfasser, weder besoldete Vollstreckungsfunktionäre und Exekutionsgehilfen deutscher Kulturpropaganda noch Künder eines Frankreich von morgen, die sich als Schrittmacher der Zukunft begreifen könnten, sind Buchhalter der Vergangenheit, die mit Bienenfleiß Schuldkonten der 30er Jahre auflisten und mit der Gründlichkeit kleiner Gemeindesekretäre das politische Soll und Haben des Frankreich vor 1940 ins schwarze Wachsheft des über seinen Lehrer verärgerten Dorfschülers eintragen. Sie sind akribische Konkursverwalter eines Gestern, die im Heute keine Möglichkeit der Schuldentilgung erblicken können und auf der mühsamen Suche nach Bankrotteuren und Schuldigen eine Politik der nationalen Selbsterniedrigung betreiben. Aber gegen just diese hatte sich ihr Vorkriegsfaschismus gewandt: Er konnte sich in der Kollaboration nicht verwirklichen und lebte doch in ihr weiter, durch die Niederlage von 1940 um die Hoffnung betrogen, in Frankreich eine nationale Revolution bewirken zu können. Der Faschist der 30er Jahre findet sich im Textbuch des Kollaborateurs schlecht zurecht und vermag die Rolle, auf die er nicht vorbereitet ist, auch nur schlecht zu spielen. Er, der die Siegerrolle für sich geschrieben hatte, sah sich plötzlich in der Rolle des um alle Hoffnungen Geprellten, des Ohnmächtigen und Machtlosen. Es gilt deshalb festzuhalten, daß der Faschismus der Vorkriegsepoche wohl in die Kollaboration mündet, daß er aber von seinem politischen und gesellschaftlichen Siegesanspruch her sich von Anbeginn an mit dem Untertanengeist der Kollaboration nur verbinden konnte, weil nationale Grundwerte durch 1940 hinfällig und jeder Anspruch auf ihre weitere Gültigkeit sinnlos erschienen. Der Rollenwechsel offenbarte den nihilistischen Charakter der Ideologie des französischen Faschismus, der nach der Niederlage seinen Anspruch auf die alleinige geschichtliche Vertretung von Frankreichs Größe und Wiedergeburt bedenkenlos eintauschte gegen die Rechtfertigungsrolle nationaler Bescheidung und demütigender Unterwerfung.

Dieser Bruch jedoch, den die pfadfinderhaft-unbekümmerte Kompensationsideologie des französischen Vorkriegsfaschismus durch die Niederlage erleidet, wird in der Zeit selbst selten von den Kollaborateuren als Problem erkannt, und Robert Brasillachs noch an der Front geschriebener Memoirenband *Notre avant-guerre* erscheint 1941, ohne überarbeitet worden zu sein. Ungebrochen wird hier eine Konzeption des französischen Faschismus vertreten, die von der Geschichte bereits überholt worden ist. Als Spezifikum des Faschismus, den Brasillach ausdrücklich nicht als politische oder als ökonomische Doktrin verstanden wissen will, sondern als Geisteshaltung, die sich allen bürgerlichen Normen, Vorurteilen und Klassenschranken widersetzt, nennt er die faschistische Freude, die aus der Freundschaft und Kameradschaft erwachse, aus der Verachtung von Luxus, aus dem Stolz auf den eigenen Körper und auf die eigene Rasse.[1] Daß mit diesem nostalgischen Faschismuskonzept weder das nationalsozialistische Deutschland noch auch Vichy viel anzufangen wußten, überrascht wenig. Die Bereitschaft zur Kollaboration erwies sich als stärker als der Wille und die Kraft der meisten französischen Faschisten zu einem eigenen kämpferischen Beitrag zum Eroberungsfaschismus Hitlers. In verbindlicher und luzider Beurteilung hat noch während des Krieges Raymond Aron[2] die Unredlichkeit, diffuse Irrationalität und Unglaubwürdigkeit des *écrivain traître*, der im Namen seines Volkes eine Politik unterstützt, deren erklärtes Ziel es ist, Frankreichs politische und kulturelle Eigenständigkeit zu zerstören und es zu einem Vasallenstaat zu machen, dessen Wirtschaft einzig den Interessen des Dritten Reiches zu dienen hatte, richtig gedeutet.[3]

Aus den alten faschistischen Vorstellungen einer Selbstverwirklichung der Nation durch Überwindung des Parlamentarismus aus den Kräften eines sich durch gesunde Körperlichkeit neu bewußt gewordenen Individuums wird eine Ideologie der Anpassung, die Unterwerfung feiert als eine mögliche Form des Sieges. Das Pathos der Ohnmacht, das zum Charakteristikum der Ästhetik der Kollaborationsliteratur wird, nährt sich vom Glanz nationalsozialistischer Schaustellung und Selbstdarstellung der 30er Jahre: In der Beschwörung von Kraft offenbart sich der pathologische Charakter einer politischen und geistigen Subordination, die in einem Masochismus nationaler Selbstaufgabe gipfelt und Lust aus der Einsicht in die eigene Zukunftslosigkeit schöpft. War früher der allgemeine Zerfall der französischen Gesellschaft Objekt vehementer Kritik gewesen, stellte man sich jetzt auf den Standpunkt, daß aus der gerechten und gerechtfertigten Erniedrigung ein Höchstmaß an Tugenden neu zu gewinnen sei. Daß die importierte totalitäre Sieger- und Vernichtungsideologie des deutschen Faschismus nach 1940 nicht umzusetzen war in eigenen französischen Lebensanspruch, gehört mit zu den dem Kollaborateur nicht bewußtwerdenden Widersprüchen. Daß mit der Niederlage der Kollaborateur seinen Faschismus zugunsten einer Ideologie der Unterwerfung aufgeben mußte, ohne sich dessen mehr bewußt zu werden, weist den Drogencharakter dieses Politsurrogates nach, dessen Vertreter wie im Rausch den Einschnitt von 1940 nicht als Bruch erleben und die in einer peinlichen Magierrhetorik der Aussagelosigkeit ihre Wortrituale zelebrieren.[4]

1 Vgl. Brasillach, Robert: *Notre avant-guerre.* Paris 1941: 362. (Zitierte Ausgabe: Livre de poche Nr. 3702. Paris 1973).

2 «Séduction des tyrannies», im März 1943 in London publiziert.

3 Vgl. Aron, Raymond: *L'Homme contre les tyrans.* Paris 1946.

4 Die bisherige Forschung hat weitgehend die gesellschaftskritischen Positionen der französischen Faschisten überbewertet und ihre Widersprüche übersehen. Von solchen Wertungen setzen sich zwei Studien ab, die einander glücklich ergänzen: Girardet, Raoul: «Notes sur l'esprit d'un fascisme français. 1934–1939.» *Revue française de science politique* Bd. V (1955) Nr. 3: 529–546 und Kunnas, Tarmo: *Drieu La Rochelle, Céline, Brasillach et la tentation fasciste.* Paris 1972.

K. Kohut (ed.): *Literatur der Résistance und Kollaboration in Frankreich. Geschichte und Wirkung II (1940–1950).* Wiesbaden: Athenaion/Tübingen: Narr 1982: 154–156, 186.

VI Bibliographie

1. Werke Modianos

La Place de l'étoile (1968)
La Ronde de nuit (1969)
Les Boulevards de ceinture (1972)
Villa triste (1975)
Livret de famille (1977)
Rue des boutiques obscures (1978)
Une jeunesse (1980)
Mémory Lane (1981)
De si braves Garçons (1982)
Poupée blonde (1983)
Quartier perdu (1985)
Dimanches d'août (1986)
Lacombe Lucien (scénario, en collaboration avec Louis Malle) (1974)

2. Deutsche Übersetzungen

Villa triste. Übers. v. W. Schürenberg. Berlin/Frankfurt/Wien: Propyläen 1979.
Die Gasse der dunklen Läden. Übers. v. G. Heller. Frankfurt/Berlin: Propyläen 1979.
Familienstammbuch. Übers. v. W. Schürenberg. /Berlin/Frankfurt/Wien: Propyläen 1981.
Eine Jugend. Übers. v. P. Handke. Frankfurt: Suhrkamp 1985.

3. Interviews

Pivot, B.: «Demi-juif, Patrick Modiano affirme : ‹Céline était un véritable écrivain juif.» *Le Figaro Littéraire* No 1150/5 Mai 1968 : 16.
Berl, E.: *Interrogatoire.* Paris: Gallimard 1976. (Collection Témoins)
Jamet, D.: «Patrick Modiano s'explique.» (Octobre 1975) in: *Ecrire, Lire et en Parler... Dix années de littérature mondiale en 55 interviews publiées dans LIRE.* Paris: Laffont 1985: 41–46.
Rambures, J.-L. de: «Apprendre à mentir.» ders.: *Comment travaillent les écrivains.* Paris: Flammarion 1978: 126–131.
Ezine, J.-L.: «Patrick Modiano.» ders.: *Les Ecrivains sur la sellette.* Paris: Editions du Seuil 1981: 16–25.
Chapsal, M.: «10 ans après. Patrick Modiano.» *LIRE* No 120/Septembre 1985: 56–62.

4. Sekundärliteratur zu Modiano

Bonnefoy, C./Cartano, T./Oster, D. (eds.): *Dictionnaire de la littérature française contemporaine*. Paris: Editions universitaires, Jean-Pierre Delarge 1977: 228.

Coenen-Mennemeier, B.: „Bei zärtlicher Musik. Patrick Modiano und die Wandlungen eines literarischen Themas im französischen Gegenwartsroman." G. Berkemeier/I. M. Weineck (eds.): *Sequenzen*. Festschrift für Maria Elisabeth Brockhoff. Münster: Selbstverlag der Westfälischen Wilhelms-Universität/ Seminar für Musikwissenschaft 1982: 70–88.

Coenen-Mennemeier, B.: „Patrick Modiano." W.-D. Lange (ed.): *Kritisches Lexikon der romanischen Gegenwartsliteraturen*. Tübingen: Narr 1984ss.

Lambron, M.: «Modiano et la mélancolie française." *Nouvelle Revue Française* No 340/1er mai 1981: 90–94.

Léautey, D.: *Hitlerdeutschland, Kollaboration und Résistance als Thema des französischen Gegenwartsromans*. Diss. phil. Münster 1981.

5. Literatur zu ‚La Ronde de nuit'

Berl, E.: «Modiano et la ronde des elfes.» *Contrepoint* 2, 1970: 175–177.

Bersani, J.: «Modiano, agent double.» *Nouvelle Revue Française* No 298/1977: 78–84.

Bourniquel, C.: «Modiano: ‹La Ronde de nuit›.» *Esprit* 37,12 (1969): 930–931.

Brenner, J.: «‹La Ronde de nuit›, de Patrick Modiano.» *Le Nouvel Observateur* No 256/6–12 octobre 1969: 42.

Coenen-Mennemeier, B.: „Pariser Alpträume nostalgisch. Patrick Modiano: *La Ronde de nuit*." *Die Neueren Sprachen* 82 (1983): 100–111.

Kanters, R.: «La Nuit de Modiano.» *Figaro Littéraire* No 1223/22 octobre 1969: 23–24.

Magnan, J.-M.: «Ténèbres maléfiques.» *Quinzaine Littéraire* No 82/1er novembre 1969: 6–7.

Noguez, D.: «Modiano: ‹La Ronde de nuit›.» *Nouvelle Revue Française* 35 (1970): 294–295.

Nourissier, F.: «‹La Ronde de nuit›, Roman de Patrick Modiano.» *Les Nouvelles Littéraires* 47, no 2195/16 octobre 1969: 2.

Piatier, J.: «‹La Ronde de nuit›, de Patrick Modiano.» *Le Monde (des Livres)* No 7702/18 octobre 1969: 1–2.

Sénart, P.: «‹La Ronde de nuit› de Patrick Modiano.» *Combat* No 7877/13 novembre 1969: 9.

Sartre, J.-P.: «La République du silence.» in: *Situations III*. Paris: Gallimard 1949: 11–14.

Sartre, J.-P.: «Qu'est-ce qu'un collaborateur?» in: *Situations III*. Paris: Gallimard 1949: 43–61. (Vgl. auch *Dokumente* 41, Heft 3 (1985): 265–271.

Tournoux, R.: *Le Royaume d'Otto*. Paris: Flammarion 1982.

Walter, G.: *La Vie à Paris sous l'occupation*. Paris: 1960.

6. Literatur zur Paris-Topographie

Bancquart, M.-C.: *Images littéraires du Paris «fin de siècle»*. Paris: Editions de la Différence 1979.

Barthes, R.: *S/Z*. Paris: Seuil 1970.

Barthes, R. et al.: *Poétique du récit*. Paris: Seuil (Coll. Points) 1977.

Barthes, R. et al.: *Littérature et réalité*. Paris: Seuil (Coll. Points) 1982.

Bohn, R.: „Poetische Texte über Paris. Bericht über eine Unterrichtsreihe." *Der Fremdsprachliche Unterricht* XV (1981), Heft 57: 27–38.

Citron, P.: *La Poésie de Paris dans la littérature française de Rousseau à Baudelaire*. 2 vol. Paris: Les Editions de Minuit 1961.

Combes, C.: «La Mission de Paris.» *Europe* févr.-mars 1962: 134–142.

Debray-Genette, R.: «Traversées de l'espace descriptif.» *Poétique* XIII (1982): 329–344.

Hamon, Ph.: *Introduction à l'analyse du descriptif*. Paris: Hachette 1981.

Hamon, Ph.: *Texte et idéologie*. Paris: Presses universitaires de France (Coll. écriture) 1984.

Klotz, V.: *Die erzählte Stadt*. München: Hanser 1969.

Meckseper, C./Schraut, E. (eds.): *Die Stadt in der Literatur*. Göttingen: Vandenhoeck & Ruprecht 1983.

Minder, R.: „Paris in der französischen Literatur (1760–1960)." in: *Dichter in der Gesellschaft*. Frankfurt: Insel 1966.

Reichel, N.: *Der Dichter in der Stadt*. Poesie und Großstadt bei französischen Dichtern des 19. Jahrhunderts. Frankfurt/Bern: Lang 1982.

Rousseau, G./Grenier-Normand, L: «Discours romanesque et discours urbain.» *Voix et Images* VI (1981/82): 97–117.

Sansot, P.: *Poétique de la ville*. Diss. phil. Paris X. Paris 1971.

Theis, R.: *Zur Sprache der „cité" in der Dichtung*. Untersuchungen zum Roman und zum Prosagedicht. Frankfurt: Klostermann 1972.

7. Veröffentlichungen zum historischen Hintergrund: Résistance und Collaboration in Frankreich

Abetz, O.: *Das offene Problem*. Ein Rückblick auf zwei Jahrzehnte deutscher Frankreichpolitik. Köln: Greven 1951.

Amouroux, H.: *Grande Histoire des Français sous l'Occupation*. Paris: Laffont. Bd 2: *Quarante Millions de pétainistes* (1977); Bd. 3: *Les beaux Jours des Collabos. Juin 1941–Juin 1942*. (1978).

Azema, J.-P.: *La Collaboration 1940–1944*. Paris: PUF 1975.

Beauvoir, S. de: *La Force de l'âge*. Paris: Gallimard 1960.

Bories, H./Sawala, R.: *«J'écris ton nom: Liberté»*. La France occupée et la Résistance. Paderborn: Schöningh 1983.

Cotta, M.: *La Collaboration, 1940–1944*. Paris: Armand Colin 1964.

Defrasne, J.: *Histoire de la collaboration*. Que sais-je? No 2030. Paris 1982.

Defrasne, J.: *L'Occupation allemande en France*. Que sais-je? No 2196. Paris 1985.

Delarue, J.: *Trafics et crimes sous l'occupation.* Paris: Fayard 1968.

Durand, Y.: *Vichy 1940−1944.* Paris: Bordas 1972.

Flügge, M.: „Friedrich Sieburg. Frankreichbild und Frankreichpolitik 1933-1945." in: J. Sieß (ed.): *Vermittler.* Deutsch-französisches Jahrbuch 1. Frankfurt: Syndikat 1981: 197-218.

Fricke, D.: „Die Literatur der Résistance und Kollaboration im Französischunterricht." *Die Neueren Sprachen* 82 (1983). Teil 1: Heft 2: 130−150; Teil 2: Heft 5/6: 425−458.

Galster, I.: „‚Les Mouches', pièce résistante?" *lendemains* 11 (1986), Heft 42, 43-53.

Götz, P.: „L'Occupation allemande. Aspekte der Vergangenheitsbewältigung in Literatur und Medien Frankreichs heute." in: J. Olbert (ed.): *Gesammelte Aufsätze zur Frankreichkunde.* Einige Beiträge zur Fremdsprachendidaktik. Frankfurt: Diesterweg 1977: 255−275.

Heist, W.: *Genet und andere.* Exkurse über eine faschistische Literatur von Rang. Hamburg: Claassen 1965.

Heller, G.: *In einem besetzten Land.* NS-Kulturpolitik in Frankreich. Erinnerungen 1940−1944. Köln: Kiepenheuer & Witsch 1982. (Franz. Originalausgabe: *Un Allemand à Paris.* Paris: Seuil 1981).

Hofer, H.: „Die Literatur der Kollaboration." in: Kohut II, 1982: 151−192.

Jünger, Ernst: «Dossier». *Magazine Littéraire.* No 130/Novembre 1977.

Kohut, K. (ed.): *Literatur der Résistance und Kollaboration in Frankreich.* 3 Bde. Wiesbaden: Athenaion/Tübingen: Narr 1982/84.

Kohut, K.: „Literatur der Résistance und Kollaboration in Frankreich: ein Extremfall der literarischen Beziehungen zwischen Deutschland und Frankreich." in: *Interferenzen.* Deutschland und Frankreich. Literatur-Wissenschaft-Sprache. Hrsg. v. L. Jordan/B. Kortländer/F. Nies. Düsseldorf: Droste 1983: 111−120.

La France et les Français sous l'occupation allemande 1940−1944. Zusammengestellt u. bearbeitet v. P. Götz. Frankfurt: Diesterweg 1977. (Modelle für den neusprachlichen Unterricht).

Lambertz, Th.: *Jean-Paul Sartre: Les Mouches.* Praxisbezogene Analyse für den Lektüreunterricht im Leistungskurs Französisch. Gerbrunn: Lehmann 1985. (Romania Occidentalis. Bd. 10)

Loiseaux, G.: «La Collaboration littéraire au service de l'Europe Nouvelle.» *Lendemains* 8 (1983) Nr. 29: 9−32.

Lottman, H. R.: *La Rive gauche: du Front populaire à la guerre froide.* Paris: Seuil 1981.

Michel, H.: *Paris allemand.* Paris: Albin Michel 1981.

Ory, P.: *Les Collaborateurs.* Paris: Seuil 1976.

Ory, P.: *La France allemande.* Paroles du collaborationnisme français (1933−1945). Paris: Gallimard/Julliard 1977.

Paxton, R.: *La France de Vichy 1940−1944.* Paris: Seuil 1973.

Veillon, D.: *La Collaboration.* Paris: Le Livre de poche 1984. (Coll. Textes et débats).

Wesche, B.: *La Résistance et la poésie.* Sekundarstufe II. Französisch. Unterrichtsreihe. Hrsg. v. Pädagogischen Zentrum Berlin. Berlin 1980.

Diesterwegs Neusprachliche Bibliothek

Französische Abteilung – Neue Serie

Hrsg. von Franz-Rudolf Weller.
Ungekürzte Textausgaben mit Anmerkungen und Bibliographie

Diesterweg

Diesterwegs Neusprachliche Bibliothek

Französische Abteilung – Neue Serie (Fortsetzung)

Materialien und didaktische Analysen zum Verständnis der französischen Literatur

Diesterweg

987654321